I0480296

NOSTALGHIA
Raccontato dall'autore della fotografia Giuseppe Lanci

a cura di Monica Pollini

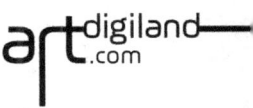

Artdigiland Ltd
Founder and director: Silvia Tarquini
1st Floor, Saint Assams Park
Raheny
Dublin D5
Rep. of Ireland
www.artdigiland.com
info@artdigiland.com

NOSTALGHIA
Raccontato dall'autore
della fotografia Giuseppe Lanci

a cura di Monica Pollini

progetto grafico e impaginazione: Michela Tranquilli

crediti fotografici: il libro è illustrato con fotogrammi e foto di scena di
Bruno Bruni. Un sentito ringraziamento alla signora Bruni per la preziosa
concessione.

copertina: un fotogramma di *Nostalghia* di Andrej Tarkovskij

Artdigiland © 2018
one frame one spirit one stream

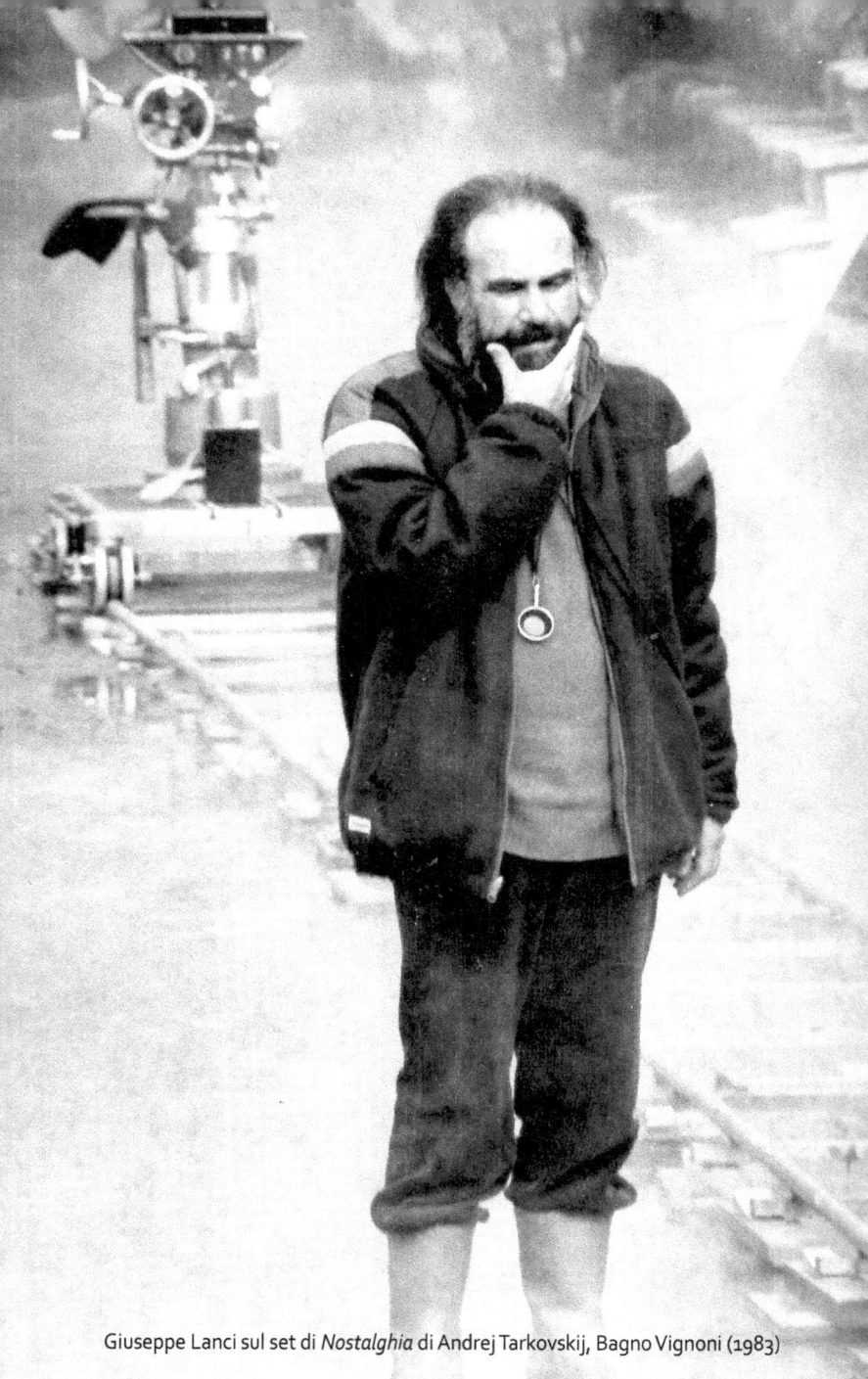

Giuseppe Lanci sul set di *Nostalghia* di Andrej Tarkovskij, Bagno Vignoni (1983)

L'inizio degli anni '80 vede il tuo incontro con Andrej Tarkovskij. In diverse interviste hai indicato come fondamentale il rapporto con lui, non solo all'interno della tua carriera ma anche nella tua esperienza personale. Cosa ci puoi raccontare del vostro primo incontro?

Un caro amico, Norman Mozzato, sposato con la mia carissima amica Laura De Marchi, mi aveva detto che Tarkovskij sarebbe venuto in Italia, dove avrebbe voluto girare un film sceneggiato da Tonino Guerra e illuminato da Luciano Tovoli. Tovoli aveva girato per la RAI una lunga intervista tra Tarkovskij e Guerra. Nel frattempo avevano girato anche, con Giancarlo Pancaldi, una sorta di taccuino di viaggio, dei loro sopralluoghi in Italia. Il regista russo era venuto diverse volte nel nostro Paese e Norman lo accompagnava in qualità di interprete, avendo studiato cinema in Unione Sovietica e avendolo conosciuto durante il suo praticantato sul set di *Andrej Rublëv*. In quel periodo avevo appena terminato un altro progetto, *Il ritorno*, mediometraggio di un'ora per la televisione, diretto da Giorgio Treves, ambientato nelle sinagoghe del Piemonte. Ricordo perfettamente il momento, mi è rimasto impresso nella memoria: di ritorno dal Piemonte, appena entrato in casa ha squillato il telefono, ho fatto giusto in tempo ad appoggiare i bagagli e a rispondere: era Norman. Sapevo che Tarkovskij avrebbe realizzato un film, Norman me ne aveva parlato, ma sapevo anche che vi avrebbe preso parte Tovoli. Invece Norman mi dice che Tarkovskij vuole incontrarmi. Ho detto: «Un momento, mi siedo!». Non avrei mai immaginato di poter affiancare un regista di quel calibro. Ero soltanto al quinto film della mia carriera.

Come mai ci fu questo cambiamento?

Tarkovskij mi disse che Luciano Tovoli era interessato, ma che era preso dal progetto di un proprio film come regista. A quel punto Andrej ha iniziato a cercare un operatore più giovane, ha raccolto informazioni ed evidentemente gli è stato suggerito il mio nome. In quel periodo aveva visto *Salto nel vuoto* di Bellocchio e aveva espresso il desiderio di conoscermi. Ne ho avuto la conferma leggendo i suoi *Diari - Martirologio*, pubblicati postumi, nei quali aveva annotato: «Ho visto *Salto nel vuoto*, un po' cerebrale. Il direttore della fotografia è Beppe Lanci: non male».

Dove è avvenuto il vostro primo incontro e come si è svolto?

Il nostro primo incontro è avvenuto in un bar di piazza Navona. Doveva essere un thè, in realtà si è trattato di una sorta di "seduta psicanalitica", in cui Andrej ha cercato di comprendere il più possibile chi fossi. Ha voluto sapere dove abitassi, come fosse arredata casa mia, si è interessato a tutti gli aspetti della mia vita. Dopo questa specie di "esame" mi ha dato una sceneggiatura con una copertina verde e mi ha detto: «Leggila, poi ci risentiamo». Da allora, per parecchi mesi, ci siamo visti una infinità di volte, quasi sempre con Norman, dato che Tarkovskij non parlava nemmeno una parola di italiano, e tantomeno io il russo. Eravamo avvantaggiati dal fatto che Norman fosse un interprete particolarmente esperto di cinema, quindi il rapporto era assolutamente privo di problemi di comprensione. Ai nostri incontri spesso partecipava Donatella Baglivo, che ha girato uno *special* su Tarkovskij non appena il film è andato in porto e altri film su Andrej. Il nostro rapporto quasi quotidiano è proseguito vari mesi, durante i quali abbiamo effettuato diversi

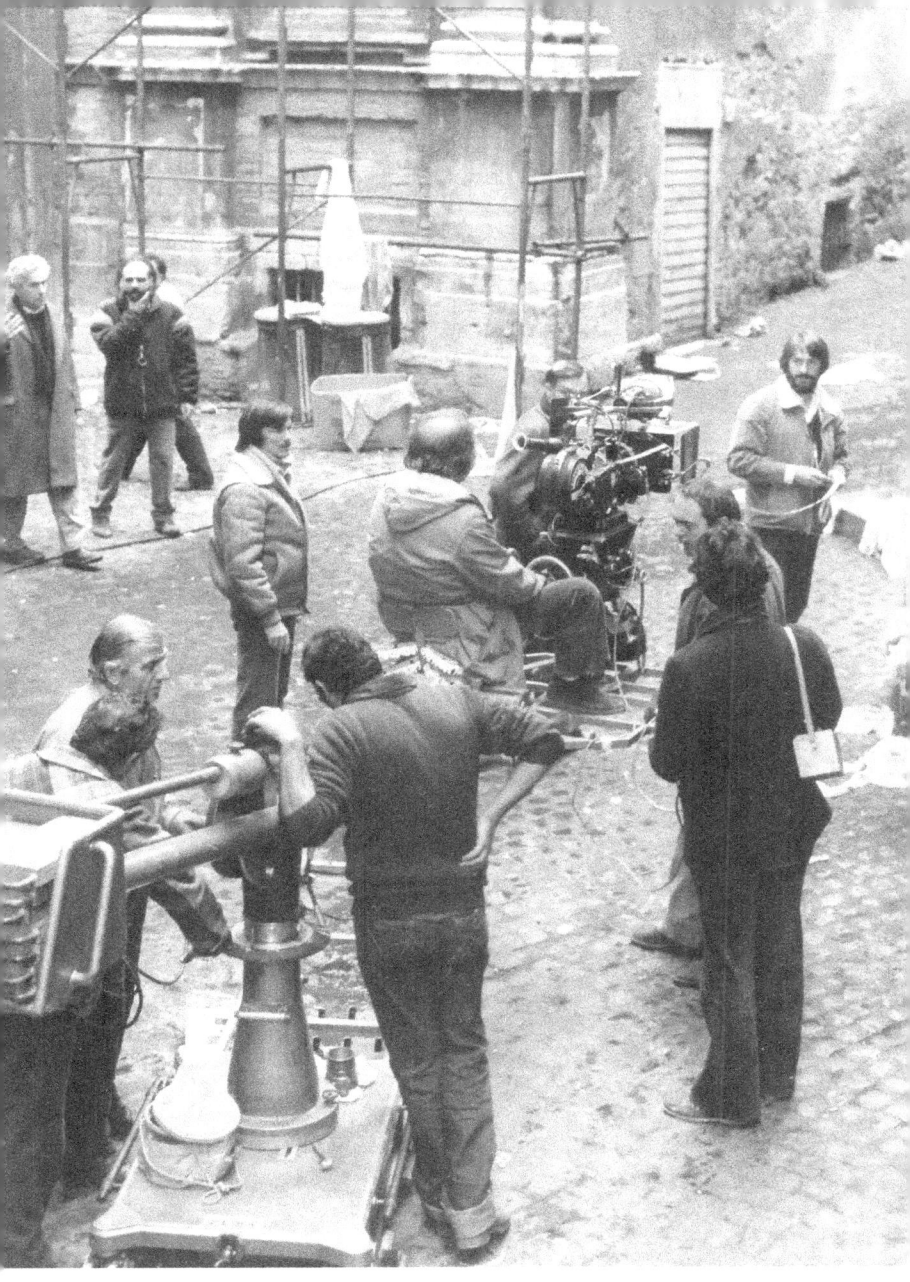

La troupe durante le riprese. Sul fondo a sinistra: Erland Josephson e Giuseppe Lanci; al centro, Andrej Tarkovskij; Oleg Jankovskij, nascosto dalla macchina da presa

Andrej Tarkovskij e Giuseppe Lanci

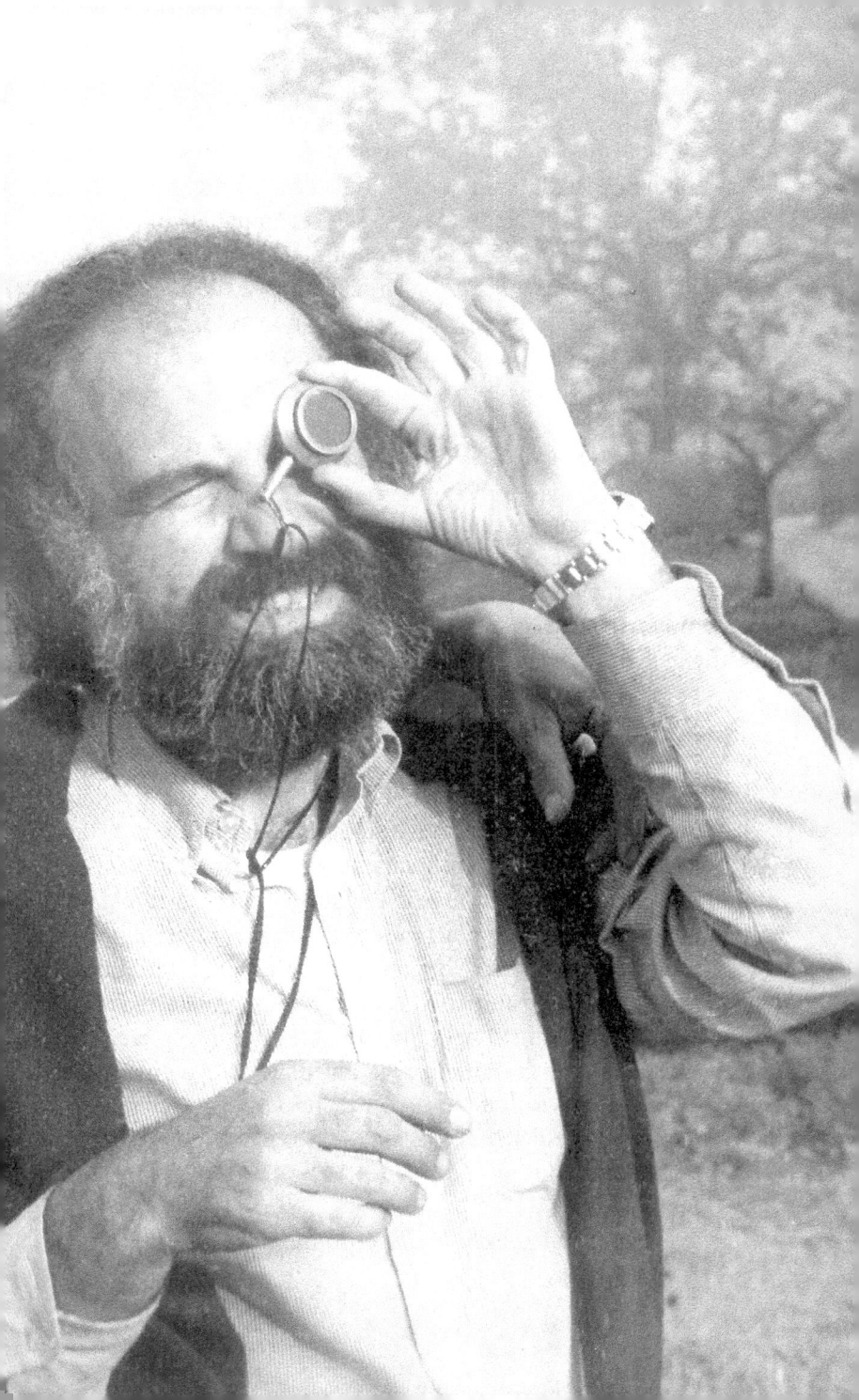

sopralluoghi ma soprattutto abbiamo partecipato a tante cene a casa di amici. Durante una delle ultime cene Andrej mi scattò una Polaroid – amava le Polaroid come sapete; ha pubblicato anche un libro che raccoglie i suoi scatti più belli, *Luce istantanea* – dicendo testualmente: «Questa la porto con me in Russia, così faccio vedere che almeno il direttore della fotografia l'ho trovato»! Quel momento ha suggellato la decisione che sarei stato io il suo direttore della fotografia.

Cosa è successo dopo la sua partenza?

Sembrava che non se ne facesse più nulla. In origine avrebbe dovuto essere una produzione della Vides e Franco Terilli avrebbe dovuto esserne l'organizzatore, ma la *Vides* non era riuscita a ottenere finanziamenti dalla RAI o dall'Istituto Luce, anche perché era difficile definire i costi di un film con un regista come Tarkovskij.

Per quale motivo?

In Russia i tempi di realizzazione erano incredibilmente lunghi: la lavorazione di *Stalker* era durata più di quattro mesi, quella di *Andrej Rublëv* un anno. Insomma si trattava di tempi "infiniti", quindi si iniziava il film ma non si sapeva quando sarebbe terminato. Dopo la partenza di Tarkovskij non seppi più nulla di lui; qualche volta, attraverso Norman, ci scambiavamo dei saluti, ma niente di più. In questo periodo di lontananza Andrej ha mantenuto rapporti costanti con Tonino Guerra. Guerra conosceva bene Sergio Zavoli, che nel frattempo era diventato nuovo direttore della RAI, e insieme riuscirono a realizzare un accordo che vedeva RAI 2 produttrice del film, insieme alla Opera Film, una società della Gaumont Italia.

In che momento Tarkovskij ha fatto ritorno in Italia?

Era la fine dell'inverno del 1982, circa due anni dopo il nostro primo incontro. In quel periodo ero stato impegnato in altri lavori, tra cui *Gli occhi, la bocca* di Bellocchio. Tarkovskij, persona di una sensibilità che oserei definire straordinaria, dopo averlo visto mi disse: «Su questo film si vede che tu e il regista non siete andati molto d'accordo». In effetti c'erano state delle opinioni divergenti sul modo di lavorare, niente di grave. Marco aveva girato la prima parte del film nella sua modalità tradizionale, ma nella seconda parte voleva a tutti i costi che scattasse qualcosa tra Lou Castel e Angela Molina, per arricchire il film di elementi autentici. Per questo motivo dava loro la massima libertà, lasciando l'intera troupe nell'incertezza, perché non sapevamo come si sarebbero comportati. A mio avviso la seconda parte è risultata molto meno precisa dal punto di vista dell'immagine, rispetto agli altri film di Bellocchio. Rimasi spiazzato dall'osservazione di Tarkovskij che, ignaro di tutta la faccenda, indovinò immediatamente il cuore della questione. Dal mese di marzo, sono stato a sua disposizione fino a settembre inoltrato, rimanendo al suo fianco fino agli inizi della lavorazione, per circa sei mesi.

Cosa hanno significato questi sei mesi di convivenza con Tarkovskij?

Sono stati mesi fitti di incontri che servivano, da parte sua, a farmi conoscere il suo mondo poetico. Non mi chiedeva mai un effetto in particolare, piuttosto di entrare in simbiosi con lui. Quando si andava a vedere un posto le nostre reazioni erano abbastanza simili: ci colpiva la stessa luce che filtrava da un soffitto sfondato, oppure pensavamo contemporaneamente che quell'esterno sarebbe stato interessante per una certa scena. Abbiamo sfruttato questi mesi per effettuare una serie molto dettagliata di sopralluoghi, tra i quali la visita alla chiesa allagata, che si trova circa al chilometro 100 della Salaria. In quell'occasione abbiamo avuto un incidente e ci siamo salvati per miracolo. Evidentemente lassù qualcuno vole-

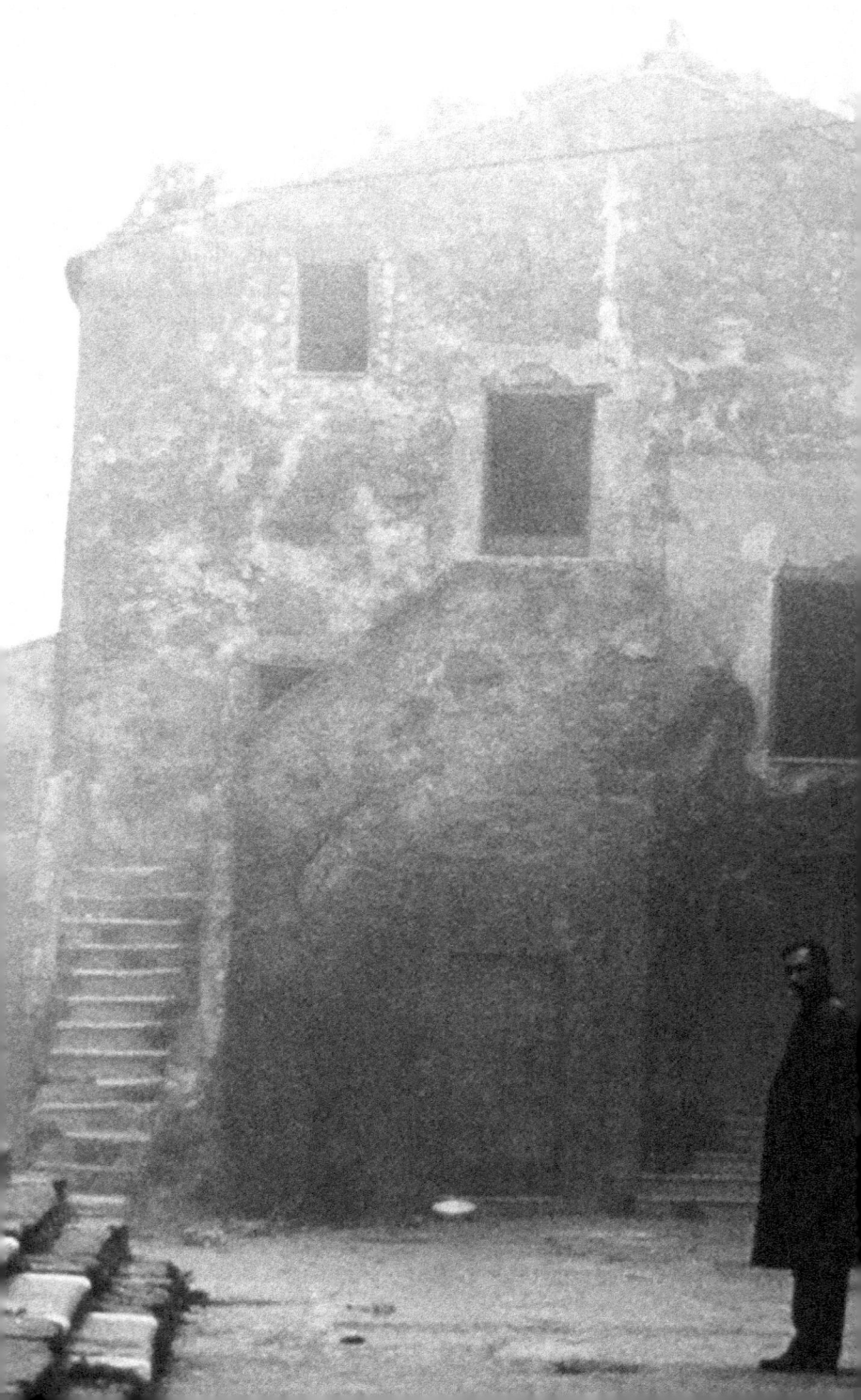

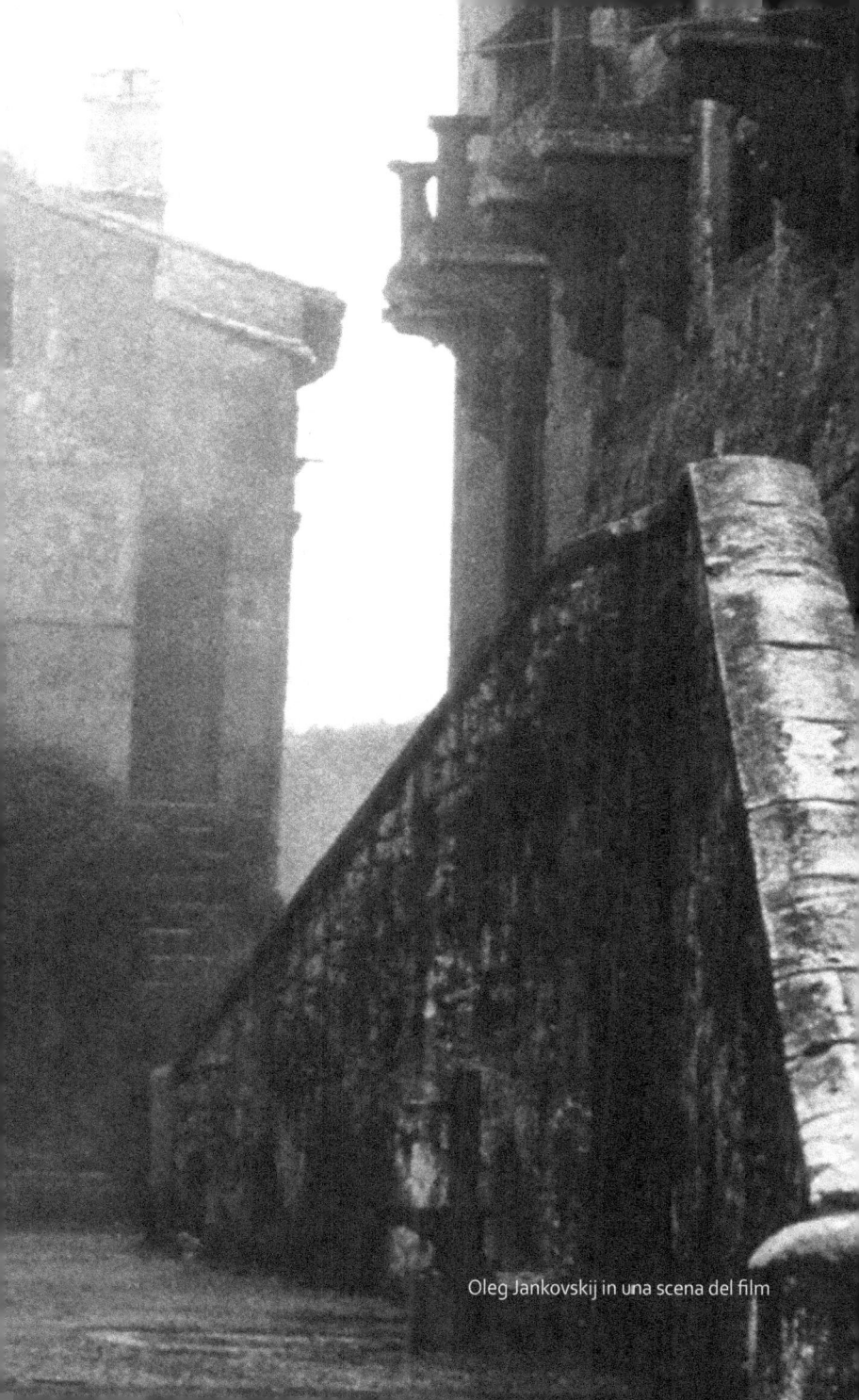
Oleg Jankovskij in una scena del film

va che facessimo questo film! Eravamo in quattro: Franco Casati, direttore di produzione, Norman Mozzato, Tarkovskij ed io. La Salaria è molto stretta; in una curva lo sterzo non ha funzionato e siamo andati dritti, quindi abbiamo attraversato l'altra carreggiata e siamo finiti in un avvallamento. Ringraziando il Cielo l'altra corsia era deserta e non ci siamo fatti nulla!

I sopralluoghi hanno costituito buona parte della preparazione del film?

I sopralluoghi sono stati determinanti nella scelta delle location. Spesso, appena tornati a casa di Norman e Laura, Andrej disegnava uno storyboard in cui già delineava il modo di girare, i dolly, i piani sequenza, i carrelli, il numero di inquadrature, mantenendo questo stile di lavoro per quasi tutti gli ambienti, sicuramente per quelli più rilevanti. Prima di iniziare le riprese ci siamo recati in tanti posti diversi, a Tarquinia, per esempio, per la cripta dove si svolge la processione. In quel caso Tarkovskij voleva verificare con me quale fosse la soluzione per illuminare al meglio un ambiente così affascinante. La cripta, con le sue colonne di marmo, ricordava un bosco fitto di notte: in un ambiente del genere non è proprio semplice posizionare la luce. Andrej si preoccupava di capire se io sarei riuscito a illuminarlo come lui voleva, anche perché non era tipo da spiegare in dettaglio che immagine desiderasse, si trattava di avere le "antenne". L'organizzatore del film, Franco Casati, ci ha aiutato cercando sempre di darci il massimo, nei limiti del budget. Solitamente nel nostro cinema bisogna insistere per fare i sopralluoghi, altrimenti ci si ritrova a dover fare l'elenco del materiale senza aver visto i posti da illuminare: lavoro impossibile oltre che inutile e poco preciso. Il direttore della fotografia dovrebbe sempre stilare l'elenco in base alle esigenze imposte dal luogo. Questo ordine nella preparazione ha contribuito notevolmente all'ottimo risultato finale.

Come è avvenuta la scelta degli ambienti per l'abitazione di Domenico?

Per la casa di Domenico avevamo trovato delle location interessanti ad Anagni, dove abbiamo scelto due diversi luoghi all'interno di un casale abbandonato. In origine l'ambiente che avremmo dovuto usare maggiormente era quello grande, ma poi è stato utilizzato per girare un passaggio, solo un paio di inquadrature, perché avevamo notato entrambi una piccola stanzetta che aveva di suo una luce molto interessante: presentava una finestrella e il soffitto era sfondato, facendo filtrare dall'alto una luce particolare. In quella circostanza Andrej mi ha chiesto a bruciapelo: «È possibile ricreare questa luce?». Di tutta risposta ho mandato un macchinista sul tetto, il quale me ne ha confermato la praticabilità, motivo per cui Andrej ha deciso di girare la maggior parte dell'incontro tra i due personaggi tutto in quella stanza. Le due scene girate in quella medesima stanza hanno atmosfere completamente differenti, perché con la luce è possibile creare situazioni diverse, persino opposte. Una scena è totalmente buia, con macchie di luce, in penombra estrema, l'altra invece è più uniforme, anche se mantiene le sue ombre. Quell'ambiente sembra grigio, non c'è colore, sembra quasi un film in bianco e nero benché si tratti di una scena a colori. C'è un po' di colore solo nell'incarnato degli attori e nella fiammella della candela.

Una forte suggestione si crea attorno alla piscina di Bagno Vignoni, avvolta dalla nebbia, quasi "incantata"...

A Bagno Vignoni, antica località termale in cui Santa Caterina era solita fare le sue abluzioni, i vapori sono un fenomeno naturale, soprattutto durante la notte o nelle prime ore del giorno, quando la differenza di temperatura tra l'acqua e l'esterno aumenta. Poi, quando il sole scalda l'aria, i vapori scompaiono, motivo per cui abbiamo dovuto usare la nebbia artificiale, dato che giravamo a giorno inoltrato. Purtroppo una scena ha "sofferto" molto, nel senso che non è stata realizzata esattamente come l'avevamo progettata: mentre giravamo è uscito il sole, infatti se si osservano attentamente le inquadrature girate sotto il portico, si noterà che lo sfondo è molto illuminato e porta un aumento di contrasto non voluto.

Gli interni sono stati girati in teatro di posa o in abitazioni reali?

Tutta la parte dell'albergo è stata girata presso gli Stabilimenti De Paolis, di cui abbiamo sfruttato sia alcuni ambienti veri – come la sala d'attesa dell'albergo e il corridoio che dà sulla stanza del protagonista, in cui si vede sul fondo una rampa di scale – sia il teatro di posa, che ci ha permesso di realizzare la lunga sequenza della camera di albergo. Anche l'ambiente che compare alla fine del film, quando Domiziana Giordano telefona al protagonista per dirgli di aver visto Domenico, è stato girato in teatro.

Il film si apre con una sequenza molto suggestiva che mostra il paesaggio laziale immerso nella nebbia. Puoi raccontare come l'hai realizzata?

Dato che il film è doppiato, non avevamo il problema del sincrono, quindi abbiamo potuto girare a più fotogrammi per rallentare il passaggio della nebbia, perché non è bello vedere sullo schermo questo elemento atmosferico che si sposta rapidamente, sebbene questo a volte in natura si verifica, se c'è vento. Una nebbia che si muove lentamente ci è sembrata più "credibile", e l'abbiamo voluta in diverse inquadrature. Per girare questa sequenza avevamo previsto un giorno di lavorazione. Dal momento che Andrej voleva riprendere l'alba, ci servivano le primissime ore del giorno. L'unico giorno in cui non abbiamo lavorato è legato proprio a questa scena! Ci siamo recati sul set molto presto (era ancora notte) poiché la macchina da presa doveva essere posizionata su delle torrette

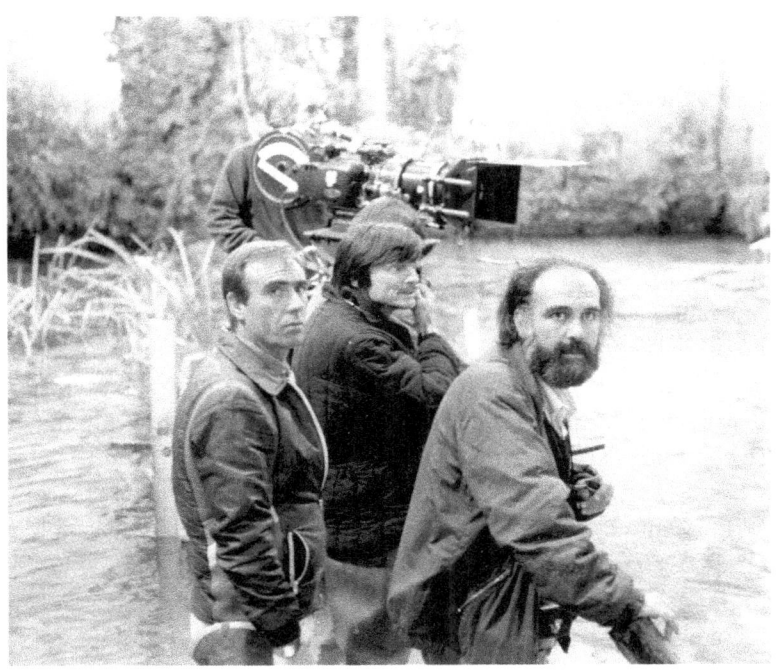

Tarkovskij, Giuseppe Lanci e due componenti della troupe

alte circa quattro metri e mezzo, sulle quali era stato montato anche il dolly. Abbiamo impiegato molto tempo solo per posizionare torrette, carrello e dolly, perché la ripresa prevedeva un pezzo di carrello e un'alzata con il dolly. Il punto esatto in cui montare era già stato individuato. In fondo alla scena si intravedeva una costruzione molto lontana che poteva far pensare a una chiesa sebbene non lo fosse. Tutto intorno solo campi. Montiamo tutto nel modo più accurato possibile, una volta pronti aspettiamo l'alba e... si mette a piovere! Quando ha smesso di piovere era giorno pieno e credo sia stata la prima volta in cui la produzione ha insistito: «Giriamo ugualmente! Non possiamo perdere una giornata! Giriamo ugualmente!». Andrej ha passato a me la patata bollente esclamando: «Se Peppe dice che si può fare, la giriamo, altrimenti ce ne andiamo!». Ho risposto che si poteva girare senza ombra di dubbio, nessuno ce lo avrebbe impedito, ma non avremmo certo ottenuto l'alba che lui desiderava, quindi siamo andati tutti a casa. Quello è stato l'unico giorno senza riprese in nove settimane di lavorazione.

Il giorno dopo andò meglio?

Siamo tornati il giorno seguente e abbiamo realizzato una delle più belle scene del film. Abbiamo iniziato a girare non appena l'ago dell'esposimetro ha iniziato a muoversi, quando ha cominciato a dare un minimo di esposizione. Andrej mi ha chiesto una dissolvenza fatta in macchina: ho chiuso tutto il diaframma e, siccome non era tranquillo, ha voluto mettere persino un panno nero davanti, perché aveva paura che si vedesse qualche chiarore. Al momento opportuno ho aperto tutto il diaframma. L'automobile che arrivava era una Volkswagen nera, difatti nella copia cinematografica l'impressione è che si tratti di una scena in bianco e nero; il colore emerge solo quando l'auto frena, facendo risaltare il rosso degli *stop*. Avevamo piazzato anche le macchine per la nebbia, in base al vento. Ciò che mi ha sempre emozionato di questa sequenza è l'aumentare progressivo della luce, del tutto naturale; poco alla volta, infatti, la scena diventa più chiara per il sorgere del sole.

Da qui si passa alla cripta a cui accennavi prima, un'altra scena bellissima, dove assistiamo alla processione mariana...

La scena della cripta in cui avviene la processione con la statua della Madonna è stata realizzata secondo quanto avevamo pensato e progettato durante il sopralluogo. Se fossimo arrivati per la prima volta un giorno qualunque alla cripta di San Pietro a Tarquinia mi sarei dovuto arrangiare e avrei sicuramente realizzato una luce meno interessante.

Di quali mezzi o espedienti fotografici ti sei servito?

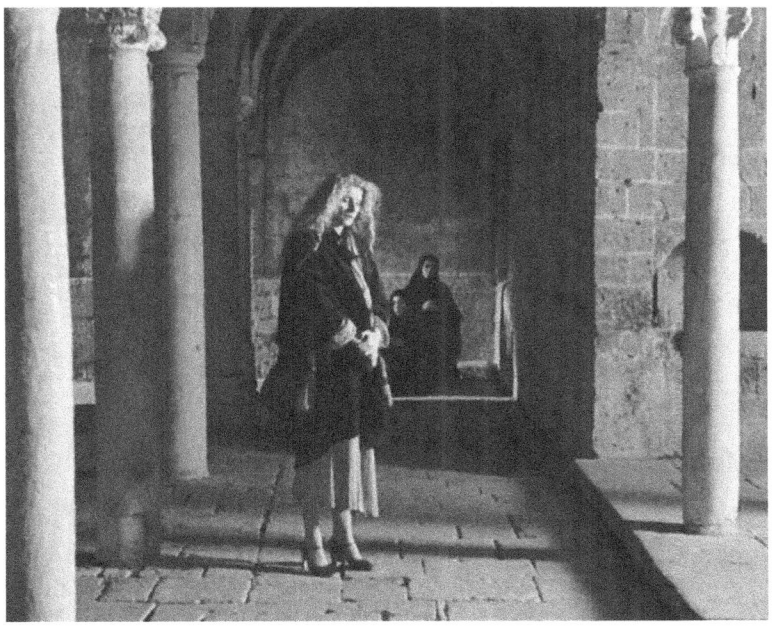

Domiziana Giordano in una scena del film, cripta della chiesa di San Pietro a Tarquinia

Occorre premettere che quella cripta ha due porte laterali attraverso le quali si raggiunge la chiesa superiore, salendo una rampa di scale; inoltre ha delle finestrelle piccolissime e su un lato presenta una finestra posizionata a un dislivello notevole. Ho subito capito che quello poteva essere l'unico punto in cui mettere la luce, perciò ho chiesto ad Andrej di non inquadrare la finestra. Lui aveva la capacità di comprendere al volo ciò che avevo in mente, non occorreva parlare molto. Ho parlato con l'organizzatore e insieme abbiamo contattato il capo macchinista, che si è organizzato per costruire un traliccio. L'indomani, quando sono arrivato, era stato costruito anche un pianale all'altezza della finestra, su cui ho disposto quattro o cinque proiettori. Lo spazio era poco, potendo ne avrei messi anche più. Li ho posizionati obliqui, per cercare di arrivare negli

23

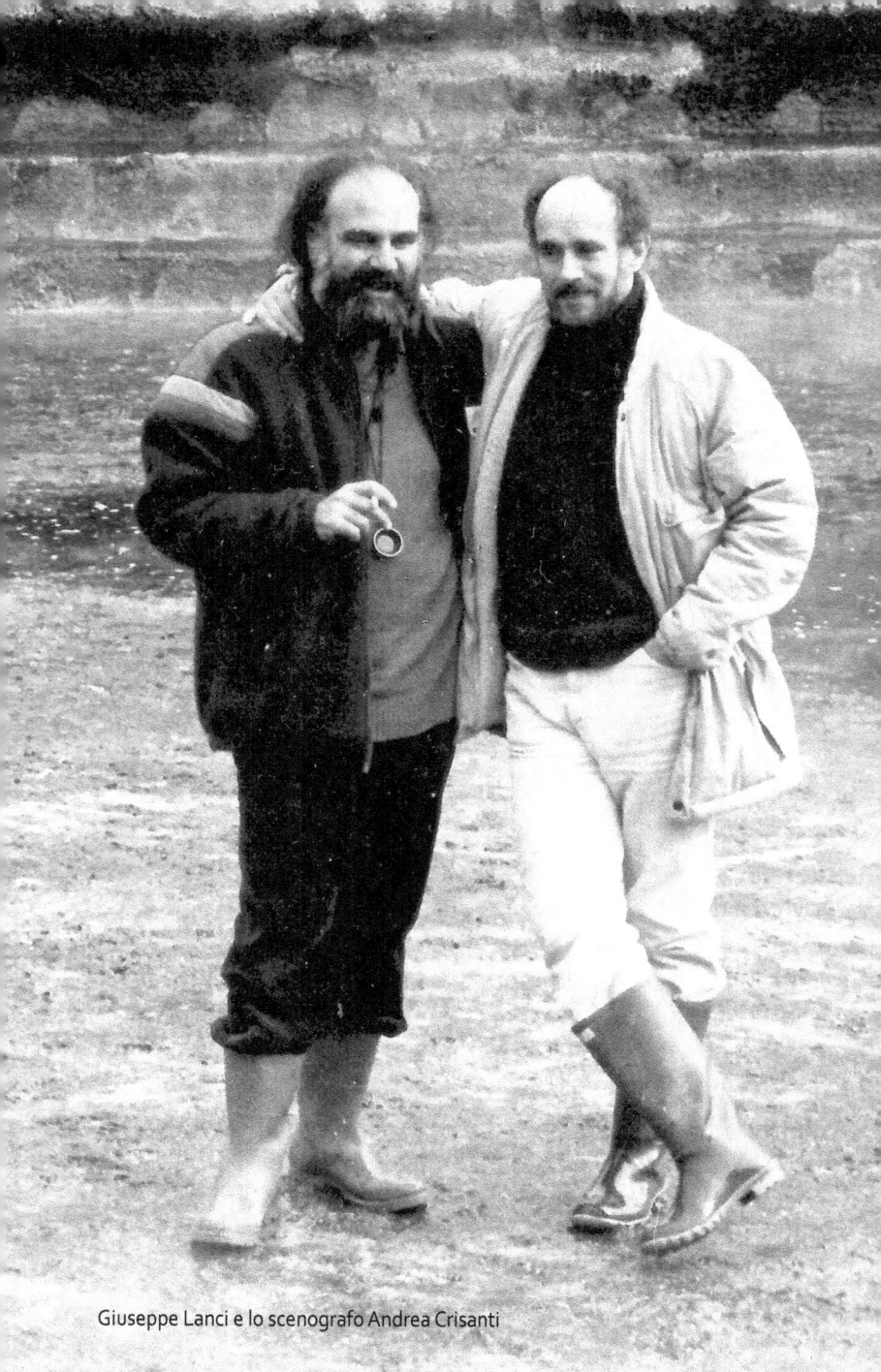
Giuseppe Lanci e lo scenografo Andrea Crisanti

angoli più lontani e sul vetro della finestra ho messo un pannello di frost 216, grazie al quale la luce si diffondeva per tutta la cripta. Allora usavamo già la pellicola 250 ASA, però io giravo sempre con lo *zoom* a 3.1 di diaframma. Tarkovskij non ha mai inquadrato la fonte di luce, è rimasto su altri assi, davanti all'affresco di Piero della Francesca. Abbiamo girato due o tre giorni con quella sola fonte di luce. Ecco perché la preparazione è fondamentale; se fatta in maniera adeguata ti consente di recuperare tempo prezioso durante le riprese. Se avessimo messo l'illuminazione all'interno alla cripta avremmo dovuto spostare le fonti di luce per ogni inquadratura e sarebbe stato più difficile mantenere la continuità fotografica. La produzione, in fondo, ha semplicemente pagato due macchinisti che il giorno prima delle riprese hanno montato un traliccio, niente di speciale. Dovrebbe essere un modo di procedere normale.

Leggendo i Diari - Martirologio *di Tarkovskij su di te ci sono molti complimenti, mentre si trovano giudizi a dir poco "taglienti" su altri collaboratori...*

Una volta terminato il montaggio del film la moglie di Andrej mi confidò che lui aveva esclamato: «Peppe ha fatto un grandissimo lavoro!». Non mi aveva mai detto nulla direttamente. La reale bellezza fotografica di un film si coglie solo quando ogni immagine è stata montata. Il direttore della fotografia può anche realizzare una bella scena, ma il valore del suo lavoro emerge dall'insieme, che deve funzionare in un certo modo. Credo che, dopo aver visto il risultato finale al montaggio, Andrej fosse contento del lavoro che avevamo svolto e che comprendesse l'apporto di tutti. Non ritengo di aver fatto il lavoro più importante, anzi: non dobbiamo dimenticare l'opera dello scenografo Andrea Crisanti, che ha dato un importante contributo al film, i costumi di Lina Taviani, i movimenti di macchina dell'operatore, il lavoro del capo macchinista e del capo elettricista. L'intera troupe si è dedicata al film in maniera speciale. Pensiamo soltanto ai movimenti di macchina, che

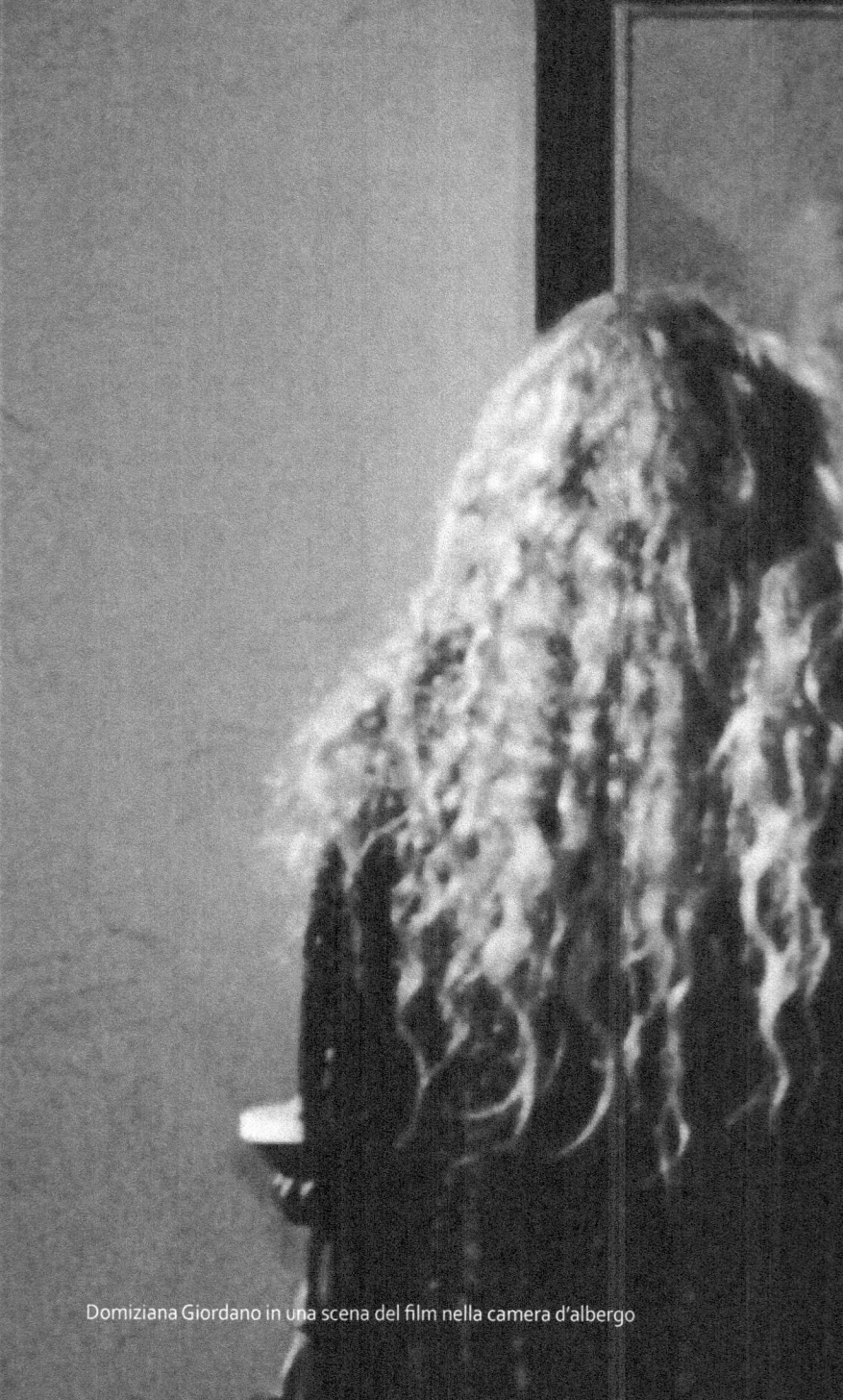
Domiziana Giordano in una scena del film nella camera d'albergo

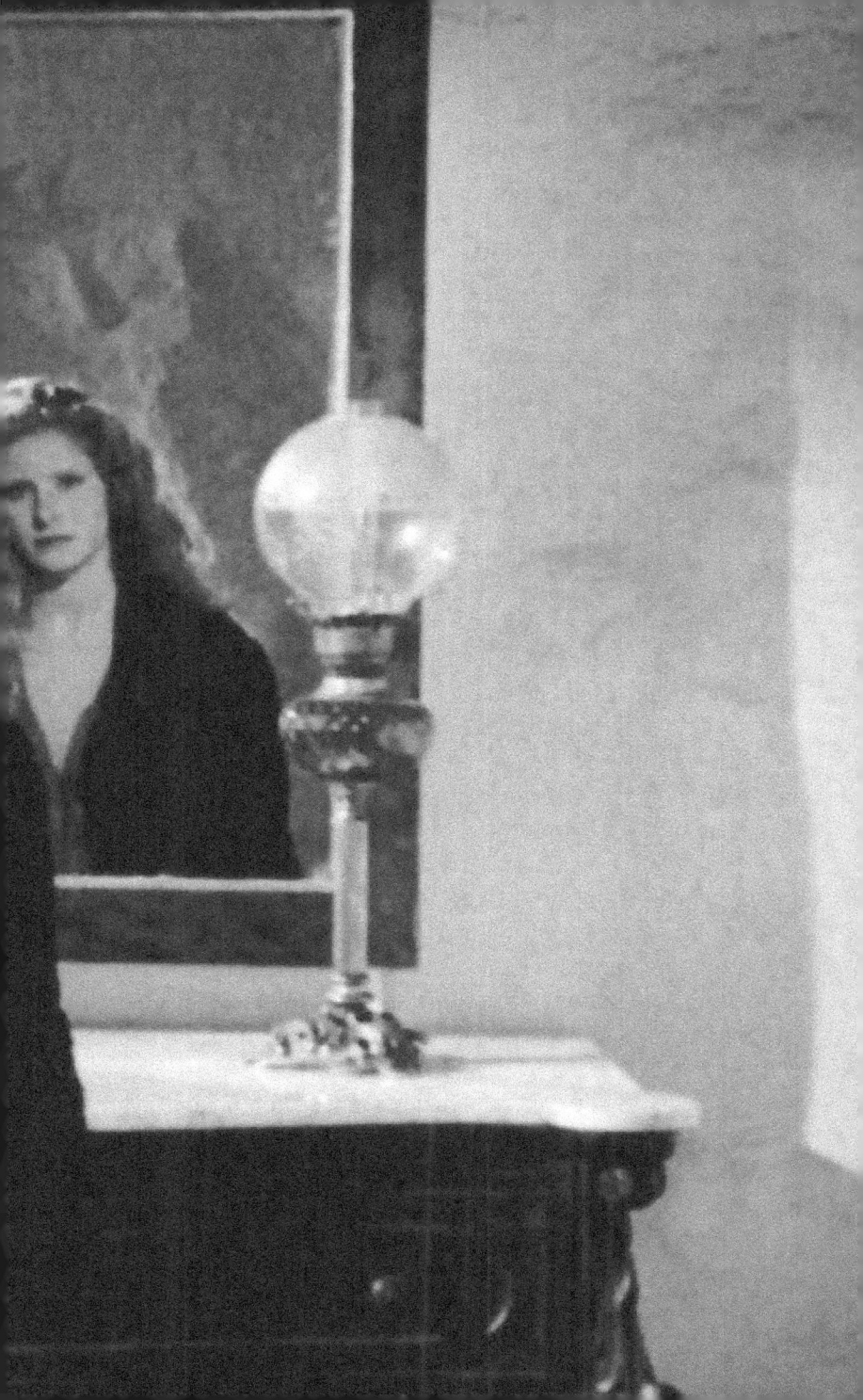

sono sempre una combinazione tra l'opera del capo macchinista, che muove il dolly o il carrello, e l'operatore di macchina, a cui si deve aggiungere una buona dose di armonia con l'assistente che fa lo *zoom*. Non mi stancherò mai di affermare che l'esecuzione di macchina in *Nostalghia* è praticamente perfetta, i movimenti di macchina rasentano la perfezione. Tarkovskij non faceva mai complimenti a nessuno: il complimento maggiore era non sentirsi dire nulla! Non credo di esagerare nell'affermare che la troupe di *Nostalghia* fosse davvero di ottimo livello.

Come hai scelto lo stampatore del film?

Mi era stato indicato come responsabile il boss dello stabilimento Technicolor, che, come tutti i boss, era disponibile al 100 % solo per celebri direttori come Storaro e Rotunno. Infatti, quando gli chiedevo notizie dei miei provini, mi diceva che non aveva avuto il tempo di vederli perché troppo impegnato. Tra l'altro lui non stampava direttamente, ma delegava il lavoro, mentre io volevo avere un rapporto diretto con chi stampava. Fortunatamente queste difficoltà si verificarono soltanto per i provini, perché il primo giorno di riprese ho preso il girato, sono andato dall'amministratore delegato e ho detto: «O mi date uno stampatore di mia fiducia, che segua veramente il film, con il quale posso avere un dialogo proficuo, oppure vado a Cinecittà e il discorso finisce qui. Mi rifiuto di lavorare in queste condizioni». È successo il finimondo, i funzionari si sono chiusi in una stanza a litigare. Alla fine, però, mi hanno accontentato e mi hanno mandato uno stampatore che era a mio avviso il più bravo di tutti: Giancarlo Barberi. Ha seguito il film con grande cura e attenzione e non ho problemi a dire che non avrebbe potuto fare un lavoro migliore. Prestava particolare attenzione al momento della stampa e, se qualche sequenza non era perfetta, era subito pronto a ristamparla: era davvero molto accurato e preciso. Devo ammettere che mi sono scelto il miglior stampatore possibile per *Nostalghia*, di una bravura incredibile.

Come ha reagito la troupe italiana al metodo di lavoro di Tarkovskij?

La troupe italiana era entusiasta. Sono stati tutti estremamente bene con lui. All'inizio della lavorazione Andrej era diffidente, in primo luogo perché era sempre seguito dai servizi segreti e questo, ovviamente, contribuiva ad aumentare il suo sospetto; in secondo luogo veniva da esperienze cinematografiche in Russia, dove le troupe statali annoveravano colleghi bravi ed esperti, ma anche fannulloni incredibili. Tant'è vero che uno dei primissimi giorni mi disse: «Io sono puntuale; se arrivo sul set e la troupe non c'è me ne vado e quel giorno non si gira». Io gli ho risposto di stare tranquillo, perché i nostri colleghi sarebbero arrivati tutti con largo anticipo. Andrej all'inizio delle riprese sembrava incontentabile, diffidente, ma dopo qualche giorno il clima è cambiato e ha compreso che la troupe era affascinata da lui, che tutti erano consapevoli di contribuire alla realizzazione di un grande film. Si è creato un clima di grande partecipazione e di grande collaborazione tanto che qualsiasi tipo di esigenza del regista, come il prolungamento degli orari di lavoro sul set, non provocava mai lamentele, cosa molto frequente nel cinema. Questo è stato possibile perché il carisma di Tarkovskij era palpabile e riconoscibile da chiunque.

In che senso era "incontentabile"?

Era esigentissimo. Ogni proiezione al suo fianco era un patema d'animo. Spesso è capitato che avessi la febbre! Devo ammettere che ogni ciak di *Nostalghia* mi procurava una grande ansia. Ogni volta era una sorta di esame, perché lui era solito richiedere la perfezione ai suoi collaboratori, non si accontentava di nulla di meno. Ricordo che all'inizio della lavorazione ha fatto stampare ugualmente anche le inquadrature interrotte dall'operatore di macchina, che erano considerate scarti. L'operatore si è offeso perché ha creduto che Tarkovskij non si fidasse del suo modo di lavorare. Andrej, invece, voleva capire meglio il lavoro dell'operatore e comprendere la ragione dei suoi stop. Dopo un paio di proiezioni c'è stato un grandissimo accordo tra i due. A volte, soprattutto all'inizio, è capitato di stampare con una dominante un po' troppo tendente al giallo e per lui questo costituiva una vera e propria tragedia. Bisognava correre ai ripari, dal momento che il risultato non era esattamente come lui lo aveva immaginato.

Non capitavano mai episodi in cui questa estrema attenzione, questa tensione artistica venisse stemperata, da una risata, da un momento di allegria?

Certo! Non voglio che pensiate che sul set ci fosse un clima di terrore! In quel periodo la Gaumont stava girando un altro film con un regista francese[1], in cui venivano usate diverse lune finte, in plastica e vari materiali. A un certo punto la produzione decide di inviarci una di queste lune, che posizioniamo per la ripresa. La illuminiamo e Andrej, dal punto in cui era, dietro la macchina da presa, esclama: «Sì, mi sembra bella! Peccato che sia un po' storta...». In realtà si era quasi liquefatta sotto il calore delle lampade! Per risolvere il problema abbiamo dovuto lavorare tutta la notte per far costruire da un fabbro un'intelaiatura di ferro, sopra la quale montare un plexiglass e dietro posizionare la struttura per le lampade; si trattava di lampade sotto dimmer, che permettevano di aumentare gradualmente la luce, montate su uno stativo elettrico che si alzava lentamente. Quando ci siamo accorti che la nostra luna stava letteralmente colando, c'è stato un momento di ilarità generale, seguito però immediatamente da un bel lavoro tecnico per cercare di riparare al disastro dello scioglimento.

Quale è stato il tuo apporto al film? In che modo la tua sensibilità si è inserita nella poetica di Tarkovskij?

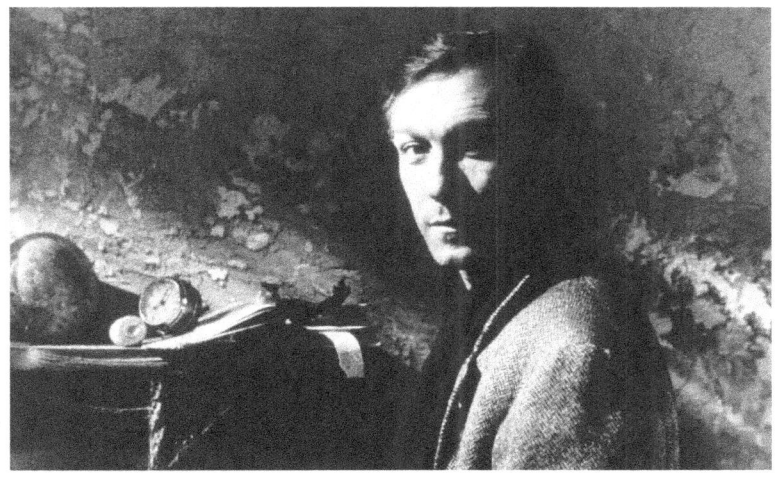

Oleg Jankovskij in una scena del film

La fortissima personalità di Tarkovskij ha determinato inevita-
bilmente la fotografia del film, ad esempio con la decisione di
inserire la nebbia, che ha immerso le immagini in una magia che
altrimenti non avrebbero avuto. Quello che mi ha sempre colpito
del modo di lavorare di Tarkovskij era l'estremo controllo di ogni
singolo aspetto del film, ma allo stesso tempo anche la totale libertà che lasciava ai suoi collaboratori: non mi sono mai sentito
dire quali tecniche utilizzare o come illuminare una scena. Quando il protagonista e l'interprete si trovano nell'atrio dell'albergo,
ad esempio, mentre aspettano di ricevere le chiavi delle stanze, ho
potuto immergerli in un buio quasi assoluto e, mentre Gorčakov
sta pensando alla moglie, attraverso un flashback, i suoi occhi
brillano di nostalgia, un luce leggera gli disegna delicatamente il
viso, rendendo i discorsi sull'arte, sulla poesia e sulla musica ancora più affascinanti. Non è possibile decidere a priori un effetto
di questo tipo, ma si palesa man mano, mentre stai realizzando
l'inquadratura: avviene semplicemente, nel momento in cui presti
credito all'intuizione che nasce dentro di te. Ecco, posso dire che

31

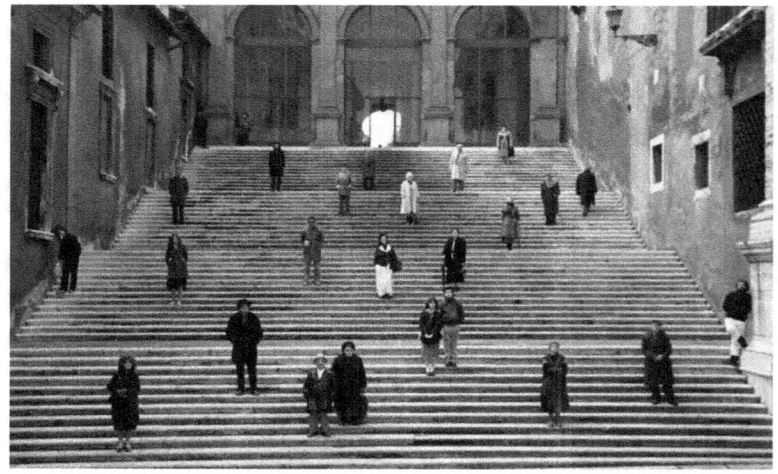

La scalinata dei pazzi, Roma, Campidoglio

Tarkovskij abbia lasciato carta bianca alle mie intuizioni, che ho cercato di realizzare al meglio.

Le lavorazioni italiane sono diverse da quelle russe. Come si è trovato Tarkovskij in Italia?

Innanzitutto non dimentichiamo che stiamo parlando di una lavorazione di nove settimane, un lasso di tempo non esagerato, mentre in Russia Andrej era abituato a tempi molto più lunghi. Quando facevamo il piano di lavorazione spesso gli abbiamo detto: «Andrej, tu dici sempre di sì, ma riusciremo a girare il film in così poche settimane?» e lui, estremamente tranquillo: «Sì, non vi preoccupate». In effetti è stato di parola. Il film è curatissimo, ogni sequenza aveva un intervento scenografico consistente. Andrej è riuscito a realizzare in poco tempo un lavoro eccezionalmente bello. Nei suoi film i piani sequenza hanno tutti una durata considerevole, quindi se ne avessimo girato anche uno solo nell'arco di una giornata si sarebbero ottenuti almeno setto o otto minuti di film.

Quali sono state le sue principali richieste riguardo alla fotografia?

Le richieste di Andrej vertevano sostanzialmente sull'uso di un colore spento, sull'utilizzo del bianco e nero per i ricordi e poco colore nel film in generale. Il protagonista è quasi sempre vestito di scuro, ha un cappotto nero, un pullover nero e una camicia bianca; la stanza dell'albergo è grigia, le pareti sono grigie. Gli unici colori che emergono timidamente sono quelli della natura, nei casi in cui è visibile, perché più spesso la nebbia impasta l'immagine senza lasciar trasparire forme e colori particolari, fatta eccezione per i capelli biondi di Domiziana Giordano. Per il resto altre note cromatiche sono completamente assenti. Questa scelta permette un passaggio fluido tra passato e presente, ricordo e sogno.

Puoi dire qualcosa di più sulla scelta di girare alcune parti in bianco e nero?

Tarkovskij voleva girare in bianco e nero i ricordi della Russia, le immagini in cui Gorčakov rivede la moglie, la figlia e il cane. Per rendere il passaggio dalla realtà presente ai ricordi il più armonioso possibile, abbiamo dovuto rendere il colore di tutto il resto del film quasi spento, quasi inesistente, coinvolgendo scelte cromatiche di ambienti e costumi e il tipo di stampa. Ho scelto infatti la stampa ENR della Technicolor, che ha la peculiarità di desaturare il colore, aumentare i contrasti, motivo per cui abbiamo ottenuto dei neri molto profondi. Abbiamo fatto un solo provino presso gli Stabilimenti De Paolis in cui ho illuminato gli attori, mentre Andrej ha fatto un lento carrello su tutti i suoi personaggi. Abbiamo girato sia a colori sia in bianco e nero. La luce era assolutamente la stessa e devo dire che in entrambi i casi funzionava benissimo. Ho sempre pensato che non ci fosse la necessità di modificare qualcosa dal punto di vista dell'illuminazione.

Come funziona questo ENR?

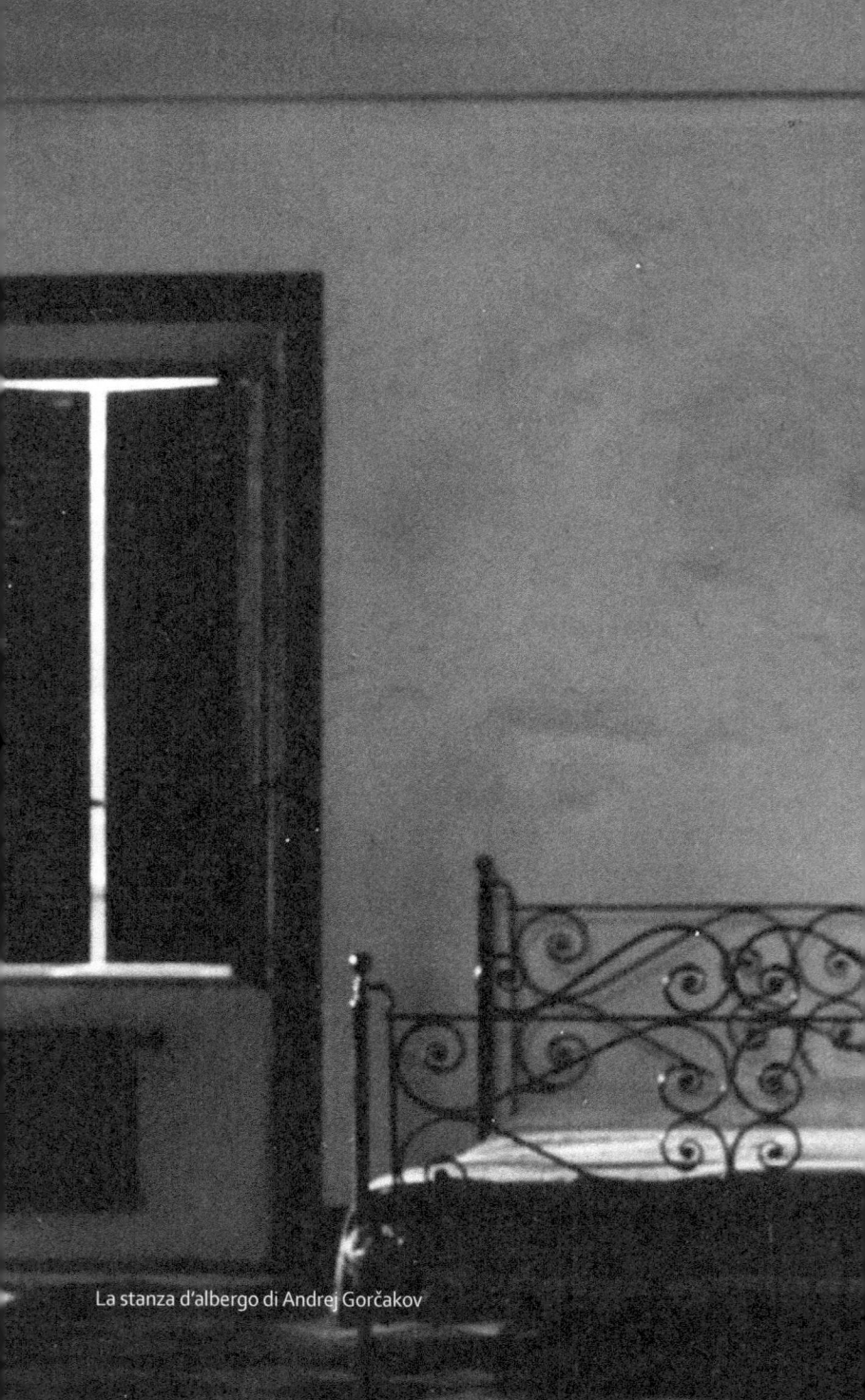

La stanza d'albergo di Andrej Gorčakov

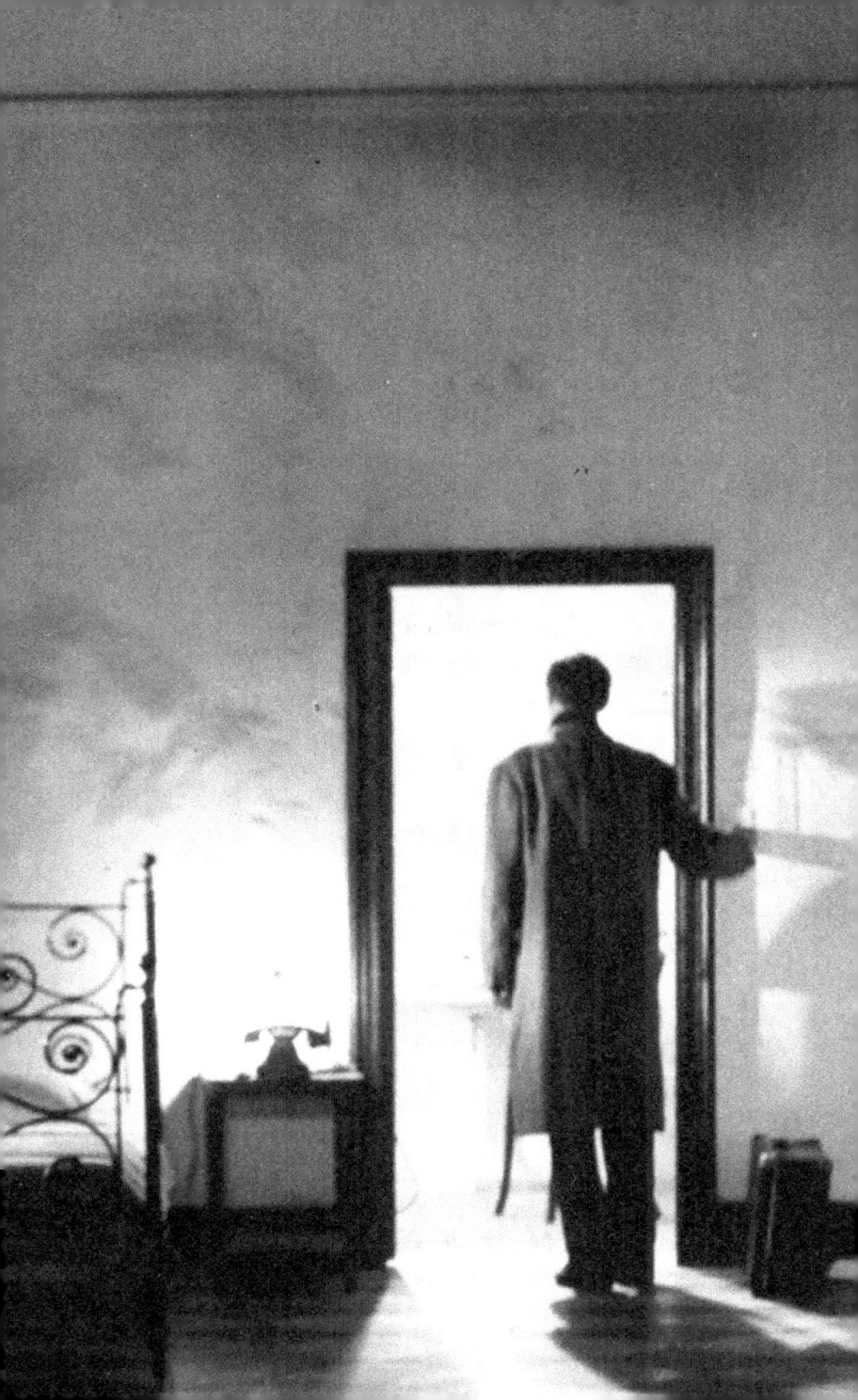

Si tratta di un tipo di stampa che permette di far restare sul positivo colore una quantità di argento che invece normalmente si scioglie nel fissaggio, motivo per cui alla fine rimane solo un positivo con i coloranti, che ci fa vedere i colori. Su questa immagine a colori ne rimane un'altra in bianco e nero, fornendo un contrasto maggiore, i neri sono più profondi e la brillantezza del colore viene considerevolmente attenuata. Ho mostrato a Tarkovskij un provino con questa stampa e lui lo ha accettato immediatamente.

Il bianco e nero è stato funzionale non solo per i ricordi, ma anche per il bellissimo "micro paesaggio", mostrato da una ripresa che parte dall'interno della casa di Domenico ed esce all'esterno. Come hai realizzato questa sequenza estremamente suggestiva?

Durante un carrello si verifica un movimento di luce che sembrerebbe causato dal passaggio di una nuvola: la luce cala poi ritorna più forte. Il mio scopo era di creare una sorta di movimento su questa materia, erba, rivoli di acqua, muschio, non soltanto attraverso il movimento di macchina, ma grazie anche al fluire della luce. Si tratta di piccole soluzioni che ho trovato durante le riprese, in base all'immagine che si voleva creare.

In altre occasioni hai parlato di Tarkovskij come di un regista nel quale la luce diventa linguaggio. Ci puoi fare un esempio?

Tra le cose che mi hanno stimolato di più parlerei della "fotografia dinamica", qualcosa che non avevo mai visto prima di allora. Consiste nella possibilità di modificare la luce all'interno di un piano sequenza, non per motivi naturalistici – nel senso che se accendi una luce chiaramente l'illuminazione si modifica – ma per aggiungere un'emozione all'immagine, per suggerire modulazioni emotive. Durante i mesi precedenti la lavorazione, Tarkovskij mi aveva detto: «Mi piacerebbe fare dei cambi di illuminazione all'interno della stessa sequenza. In parte ho già accennato in *Stalker* questo tipo di fotografia, ma non in modo consistente». È stata una delle poche richieste specifiche di Andrej, sulla quale abbiamo lavorato da prima che iniziassero le riprese. Abbiamo trovato le risposte tecniche che ci permettessero di girare in tranquillità, ci siamo dotati di tutti i mezzi necessari. Solitamente non sfruttiamo il fattore tempo in ripresa perché cerchiamo di girare sequenze che non presentano differenze dal punto di vista fotografico, per facilitare l'assemblaggio di inquadrature fotograficamente coerenti in fase di montaggio. Tarkovskij, invece, riteneva assolutamente interessante sfruttare il fattore temporale del piano sequenza, all'interno del quale si permetteva di modificare la luce, modulando le emozioni e i significati della sequenza e aggiungendole valore. Voleva dei cambiamenti che non corrispondessero necessariamente a un processo esterno o ad una azione fisica.

Che strumenti hai utilizzato per ottenere questi effetti?

Mi sono attrezzato con una serie di "persianine", dei telai strutturati proprio come le finestre a persiane, dotati di lamelle regolabili che si aprono e chiudono con un nottolino, permettendo un aumento o una diminuzione graduale della luce. Ci eravamo ingegnati a trovarle perché non si usavano più ed erano rimaste sepolte nei magazzini. Le abbiamo recuperate e messe in funzione. Su alcune abbiamo installato un piccolo motore per poterle comandare a distanza, nel caso fossero in una posizione difficilmente raggiungibile dall'elettricista. Sono dell'opinione che manovrarle a mano produca un risultato migliore. Durante la lavorazione, ogniqualvolta Tarkovskij lo richiedeva, abbiamo usato questi telai che erano stati applicati a tutti i miei proiettori.

In quale scena a tuo avviso è stato realizzato il miglior esempio di "fotografia dinamica"?

Ritengo che la scena più riuscita da questo punto di vista sia quella della camera d'albergo. L'attore entra nella stanza, spegne le luce dell'abat-jour e del bagno, apre una finestrella che si affaccia su un cortile scalcinato, mentre fuori piove, consentendo di percepire lo scrosciare della pioggia e facendo aumentare la luce all'interno dell'ambiente. Da quel momento in poi, durante un lentissimo carrello sommato allo *zoom*, la luce della stanza comincia a modificarsi. L'attore è immerso sempre più nell'ombra, così come il bagno, dal quale esce un cane. Se avessi lasciato una luce fissa, forse il pubblico avrebbe riso dell'ingresso del cane, che dovrebbe essere in Russia. Lo avevamo visto infatti in un flash back in cui correva davanti alla casa del protagonista. Senza questi cambi, che hanno prodotto una dimensione onirica, la sua presenza non avrebbe avuto senso! Invece lo spettatore accetta questo elemento senza porsi alcun problema. E tutto questo esclusivamente grazie alle modificazioni della luce. Il cane si accuccia vicino al padrone, ormai sdraiato sul letto, lui lo accarezza, la macchina perde di vista finestrella e bagno, quindi per un momento il personaggio è quasi immerso nel buio, finché improvvisamente arriva un'altra luce che illumina la parete chiara riflettendosi sul letto, e poi scompare. Nel frattempo vediamo il primo piano del protagonista mentre ritorna la prima luce che si era spenta, finisce la pioggia e parte un sogno in cui sua moglie abbraccia l'interprete. L'impostazione è realistica, ma i cambi di luce ci proiettano in una dimensione onirica. Devo dire che realizzare questa scena è stata una bella scommessa: ci è voluto un giorno di lavoro, ma stiamo parlando di circa 8 o 9 minuti di film, quindi ne valeva la pena anche dal punto di vista produttivo. Non vi nascondo che è stata una prova particolarmente difficile. Dal muro del cortiletto, sotto la pioggia battente, a un certo punto si è staccato un pezzo di intonaco. Tarkovskij ha scelto proprio quel ciak perché questo dettaglio aggiungeva un tocco ulteriore all'insieme. Ho sempre ritenuto geniale il passaggio dal reale al sogno all'interno della stessa inquadratura, veicolato senza nessun altro mezzo all'infuori della modificazione della luce. Secondo Tarkovskij questo era un modo interessante di sfruttare il piano sequenza. Quando abbiamo visto quella sequenza in proiezione per la prima volta è stata un'emozione grandissima.

Per raggiungere questo risultato è stata necessaria una stretta collaborazione tra regista, direttore della fotografia e operatore di macchina, non è così?

Esattamente. Anche perché non bisogna dimenticare che tutto questo è stato fatto "a occhio", senza *video control*! In macchina c'era un bravissimo operatore, Pino De Biase, che ha girato in modo egregio. Occorreva calcolare tutto senza sapere come sarebbe stato il risultato finale, almeno fino al momento della proiezione. Non si poteva esercitare alcun tipo di controllo, come era normale nel cinema fino alla fine degli anni '80, quando si è iniziato a utilizzare il monitor di controllo. Negli anni seguenti uscì la Moviecam, munita di una telecamera e di un piccolo monitor di controllo, molto comodo per l'assistente operatore. Poi il monitor di controllo diventò di uso comune a partire dagli anni '90. Ma ai tempi di *Nostalghia* non esistevano ancora tutte queste agevolazioni. Era tutto affidato al lavoro sincronico e armonico di regista, direttore della fotografia e operatore di macchina.

Riguardo alla pioggia. C'è stata una collaborazione significativa con lo scenografo?

Sì, posso citare un esempio significativo. Durante la preparazione Andrea Crisanti portò la pianta della stanza d'albergo in costruzione presso gli Stabilimenti De Paolis. Tarkovskij aveva espresso il desiderio che le pareti fossero in rilievo, perché amava la materia, gli piaceva poter sentire le asperità degli oggetti, delle cose, perciò una parete intonacata perfettamente liscia non lo convinceva affatto. Nel disegno originale c'era solo la finestrella da cui si vede lo scrosciare della pioggia. Chiesi ad Andrea di aprire anche una finestra sulla parete sinistra. In questo modo potevo far filtrare

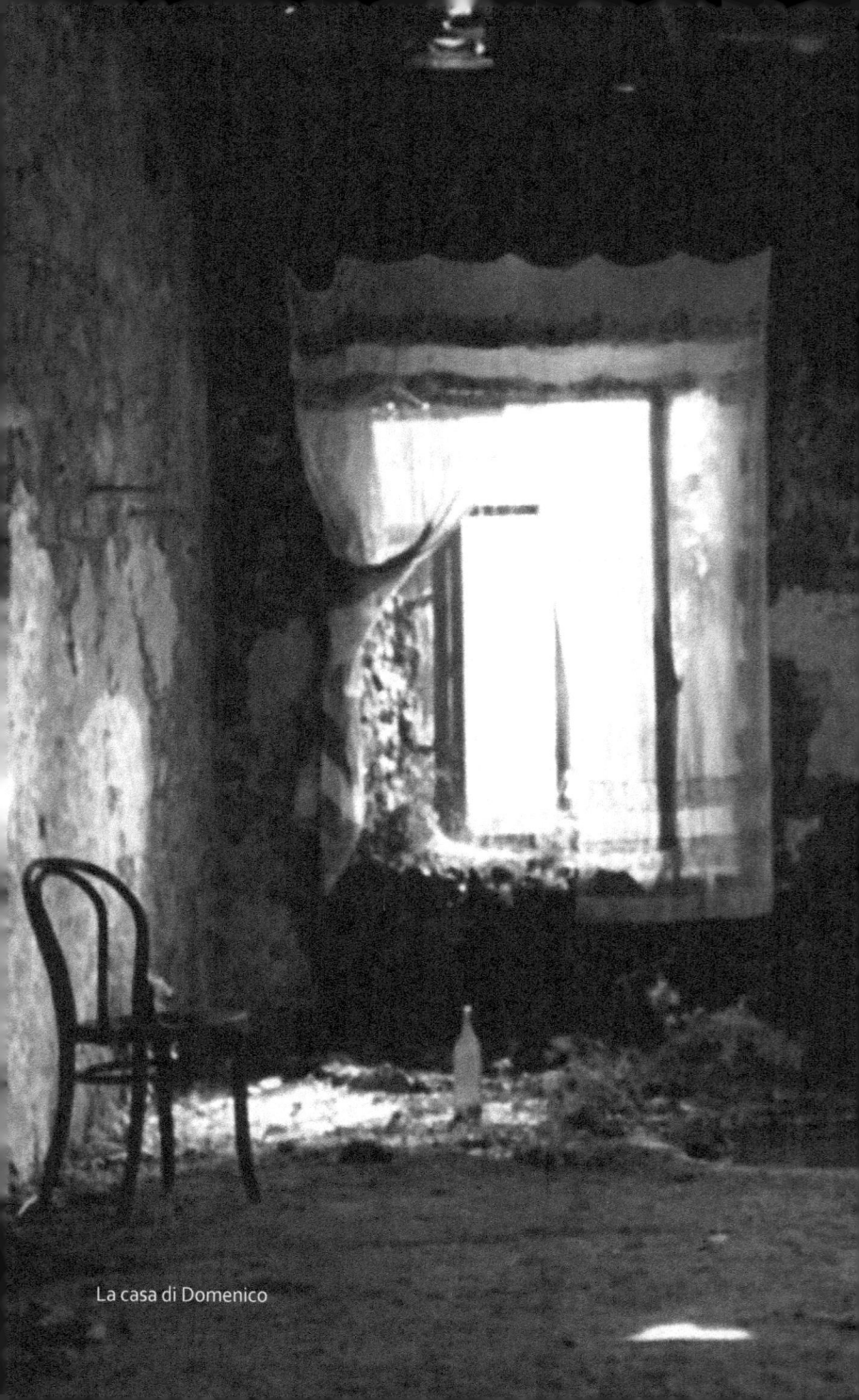

La casa di Domenico

una luce radente che facesse percepire le irregolarità della parete. Credo sia stata la mia unica richiesta allo scenografo. La stanza era dotata inoltre di una parete mobile, quella della porta, di fronte al letto, tant'è vero che in alcune inquadrature la stanza sembra "normale", mentre nella sequenza più importante, quella della fotografia dinamica, già dall'inizio si nota una dimensione diversa, ottenuta togliendo la parete. Inquadravamo da una distanza maggiore, dando all'ambiente delle dimensioni diverse da come erano state fino a quel momento.

Il passaggio da una luce più forte al buio quasi assoluto, per poi ritornare a una luce più leggera faceva parte della sceneggiatura?

No, anzi, nella sceneggiatura questa scena era scritta in modo completamente diverso, sembrava addirittura ci fossero una serie di inquadrature. Nella sequenza realizzata Domiziana Giordano è fuori campo e si sente solo la sua voce; l'albergatrice, come comparsa, alla fine non è stata inserita. Nella sceneggiatura non c'era alcun tipo di indicazione o di appunti sui cambi di illuminazione all'interno della sequenza, a riprova del fatto che Tarkovskij lasciava carta bianca ai suoi collaboratori, in questo caso, a me.

C'è stata una scena particolarmente difficile da realizzare, in cui sono state messe a dura prova le tue capacità di direttore della fotografia?

Ammetto che la scena girata all'interno della chiesa sommersa ha richiesto un lavoro decisamente complesso. La sequenza si apre con un ruscello, la macchina lo segue dall'alto e riprende una statua di angelo sommersa; proseguendo lungo il corso d'acqua si scopre la facciata della chiesa, tutta bianca, piena di sole. Nella prima giornata di lavoro l'esterno era stato ripreso con sole pieno. Il giorno successivo invece sembrava notte, il cielo era plumbeo, quindi, benché ci fossero delle aperture sul tetto, l'interno della chiesa era

raccontato da giuseppe lanci

completamente buio. Solitamente in casi del genere si abbandona il set e per quel giorno si evita di girare, invece ho cercato di riprodurre all'interno la medesima luce del giorno prima, attraverso degli effetti. Penso che il risultato finale sia leggermente "teatrale", nel senso che un occhio attento potrebbe notare la diversità rispetto all'atmosfera che si sarebbe ottenuta in una giornata di sole pieno. Ma dato che il protagonista aveva un dialogo con la bambina, che rappresenta una sorta di figura angelica, la mia illuminazione particolare poteva essere ammessa. Avevo immerso degli specchi nell'acqua ed ho posizionato un proiettore sullo specchio, così che rifrangesse la luce e restituisse l'illusione del sole. Quando Andrej ha visto il risultato in proiezione mi ha detto: «Ero convinto di dover rigirare questa scena, invece devo dire che mi piace».

Abbiamo parlato dell'uso del bianco e nero. Invece i passaggi in seppia?

Nel film compaiono alcune sequenze che sono color seppia, ma queste variazioni cromatiche dipendono soprattutto dalla stampa della pellicola. Se una sequenza era stata stampata seppia nella copia lavoro e Tarkovskij era stato in moviola a lavorarci per cinque o sei mesi, e si era affezionato a quel tono, succedeva che quando glielo si proponeva neutro non lo considerava appropriato o di suo gradimento.

Tecnicamente come è possibile ottenere una stampa cromaticamente diversa, in questo caso tendente al seppia?

Si stampa sempre con un positivo colore ma può capitare che una scena venga stampata con una leggera quantità di rosso in più, che le conferisce quella dominante. Se si togliesse un punto di rosso diventerebbe neutra, un bianco e nero perfetto, quindi in alcuni casi si può trattare anche di errori di stampa, come è successo in *Nostalghia*. La copia in pellicola conservata alla Cineteca Nazionale del Centro Sperimentale di Cinematografia, malgrado presenti righe e abbia un sonoro leggermente disturbato, dal punto di vista dell'immagine credo sia il miglior esemplare esistente.

In diverse dichiarazioni, parlando di Tarkovskij, hai detto che lui ha operato su di te una sorta di "plagio artistico". Cosa intendi esattamente?

L'utilizzo del termine "plagio" è senz'altro un'esagerazione, ma è utile per spiegare come Tarkovskij mi abbia portato a pensare in un modo abbastanza simile al suo. Spesso reagivamo allo stesso modo di fronte a un luogo, a una luce o a un'atmosfera. Abbiamo raggiunto una sintonia che ci ha permesso di lavorare al meglio. Come ho già detto, durante il film Andrej non mi ha mai dato indicazioni tecniche o specifiche riguardo all'illuminazione, eventualmente da aumentare, diminuire o modificare. È stato un lavoro essenzialmente basato sulla fiducia, sull'intesa.

C'è una qualità di Tarkovskij che hai apprezzato sopra le altre?

Andrej mi ha insegnato molto e principalmente mi ha colpito la coerenza nel portare avanti le scelte che riteneva imprescindibili, il non lasciarsi vincere dalla tentazione di modificare una scena credendo erroneamente di avere vita più semplice. Era un artista che non si sottometteva a questa logica: se si compie una scelta, bisogna portarla avanti. Vi faccio un esempio. Il primo giorno di riprese abbiamo girato a Faleria, in bianco e nero, la scena in cui la famiglia di Domenico esce dalla casa dopo tanti anni di reclusione, con quel carrello lungo la scalinata che mostra la corsa del bambino. Ovviamente serviva il sole perché ci interessavano i contrasti, i neri, invece è stata una giornata che ci ha fatto impazzire: sole, nuvole, di nuovo sole, ha persino piovuto. Quella sera io mi sono lamentato del pessimo meteo con Norman Mozzato, che ha riferito a Tarkovskij le mie preoccupazioni. Andrej mi ha fatto chiamare e

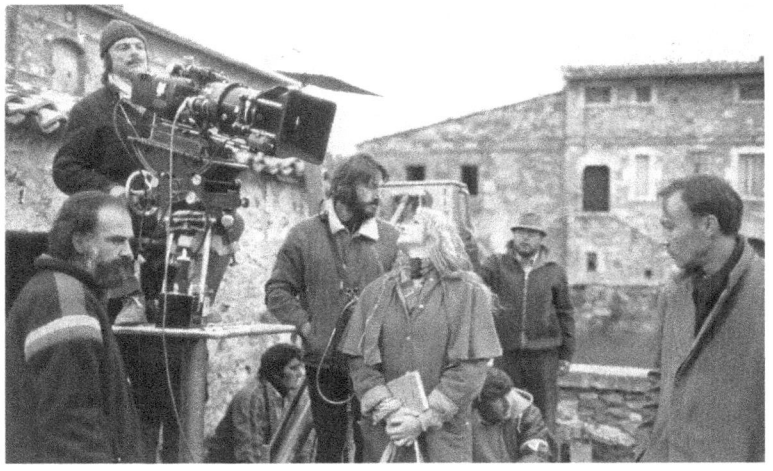

Giuseppe Lanci, Tarkovskij, Domiziana Giordano e Oleg Jankovskij durante le riprese

mi ha detto in tutta calma: «Peppe, non ti devi angosciare, perché io monto solamente immagini belle, che funzionano. Se una scena non è buona non la monto, perché per me l'immagine ha un'importanza fondamentale». Credo che lui sia stato l'unico regista di parola che io abbia incontrato nella mia vita. Molti altri registi dicono lo stesso, ma alla fine montano qualsiasi cosa, persino gli scarti e sequenze inguardabili! Lui è stato davvero l'unico regista che ha mantenuto la promessa. In secondo luogo mi ha trasmesso il rispetto del lavoro. Era esigente ma rispettava il lavoro di tutti, in particolare il mio. Non dimentichiamo che Tarkovskij ha montato il film, ha scelto le musiche; sebbene disponesse di uno scenografo, era comunque sempre lui ad aver l'ultima parola, ad apportare eventuali modifiche o cambiamenti alle scene, e per i costumi era la stessa cosa. In merito alla fotografia diceva: «Io controllo il lavoro di tutta la troupe, ma se tu hai capito quello che mi serve posso verificarlo solo in proiezione. Io e te siamo come una coppia di sposi: il nostro orgasmo è quando vediamo in proiezione il lavoro che avevamo stabilito»! In effetti c'è stata una grandissima sintonia durante tutto il film.

La sequenza girata all'interno della piscina di Santa Caterina, a Bagno Vignoni, ha comportato delle difficoltà tecniche particolari?

No, in quel caso non ci sono state difficoltà particolari dal punto di vista fotografico, dato che abbiamo girato sfruttando la luce naturale di un pomeriggio nuvoloso. La scena era più complessa per la macchina da presa, il cui movimento – un carrello parallelo alla piscina, per tutta la sua lunghezza – può dare impressione di essere semplice, ma in realtà non lo era affatto. Il film è interamente girato con lo *zoom*. Il protagonista, in base alla parola data a Domenico, doveva attraversare la vasca termale portando una candela accesa. Quando Oleg inizia il suo viaggio è in figura intera e giriamo a 24 fotogrammi al secondo. Nell'andata l'inquadratura si stringe e i fotogrammi aumentano. Quando la candela si spegne e Oleg torna indietro, l'inquadratura è di nuovo a figura intera e torniamo a 24 fotogrammi. Perciò nell'andata si ottiene una sospensione maggiore, i movimenti sono più lenti, anche se non ci si rende conto del ralenti. Stiamo parlando di 32-34 fotogrammi, però questa scelta aggiunge qualcosa, rende quasi "rarefatti" i movimenti del protagonista e riesce a dare al film un'atmosfera di grande sospensione. Quando finalmente, al terzo tentativo, l'uomo arriva dall'altra parte, lo *zoom* continua a stringere fino al massimo, arrivando al dettaglio della candela, con 40 fotogrammi di ralenti se non sbaglio. Durante tutte queste variazioni, dovevo apportare continuamente piccole modifiche di diaframma. Abbiamo girato questa scena due o tre volte al massimo. Nonostante sembri molto semplice, in realtà è una sequenza complessa, soprattutto per l'attore che in quel momento era coinvolto in una interpretazione carica di tensione emotiva.

Mentre Gorčakov compie il suo "sacrificio" nella vasca di Santa Caterina, Domenico, a suo modo, consuma il suo al Campidoglio. Quali sono stati i tuoi accorgimenti per realizzare questa sequenza girata in un luogo così noto e facilmente riconoscibile?

Il Campidoglio è stata una scelta di Tarkovskij ma, evidentemente, non aveva la stessa valenza che ha per noi romani. Fortunatamente Andrea Crisanti era venuto a conoscenza che il Marco Aurelio era in restauro ed era stato sostituito da una copia, motivo per cui si poteva ottenere più facilmente il permesso di girare. Dopo aver vagliato l'ipotesi, Andrej ha accettato di girare tutta la bella sequenza dei pazzi al Campidoglio. Avevo fatto una sola richiesta a Tarkovskij, ovvero di non girare con il sole, perché se avessimo ritratto il Campidoglio completamente assolato, avremmo ottenuto una "cartolina" perfetta, in totale contrasto con l'intero film. La mia proposta ha creato non pochi problemi, dal momento che eravamo in un periodo di bel tempo, con intere giornate di sole. Abbiamo così cercato di girare il più possibile in certe ore, in modo da avere almeno i fondi in ombra.

Cosa ci puoi dire dell'ultima sequenza, in cui la casa russa del protagonista si trova all'interno della chiesa di San Galgano?

In quel caso Andrea Crisanti ha davvero realizzato un lavoro straordinario. Durante i sopralluoghi avevamo visitato l'interno dell'abbazia di San Galgano, meravigliosa chiesa senza tetto, e in quell'occasione Andrea aveva portato con sé delle cantinelle per controllare le proporzioni, dopodiché ci siamo messi dal punto di vista della macchina da presa e lui ha potuto constatare quali fossero le proporzioni con cui avrebbe dovuto costruire la casa russa del protagonista. All'interno dell'inquadratura Tarkovskij ha voluto inserire anche la presenza dell'acqua, per cui le finestre della chiesa si rispecchiano nel piccolo lago antistante la *isba* russa. Questo ha conferito un qualcosa di ambiguo, di strano all'immagine. Finché la macchina non indietreggia sempre più e svela la struttura nella sua interezza. Solo allora ci si rende conto che la casa è costruita in scala, perché con l'obiettivo prescelto era perfetta: si potevano individuare oltre alla casa, la stradina, gli alberi, i pali della luce: un lavoro incredibile. Per rendere l'atmosfera

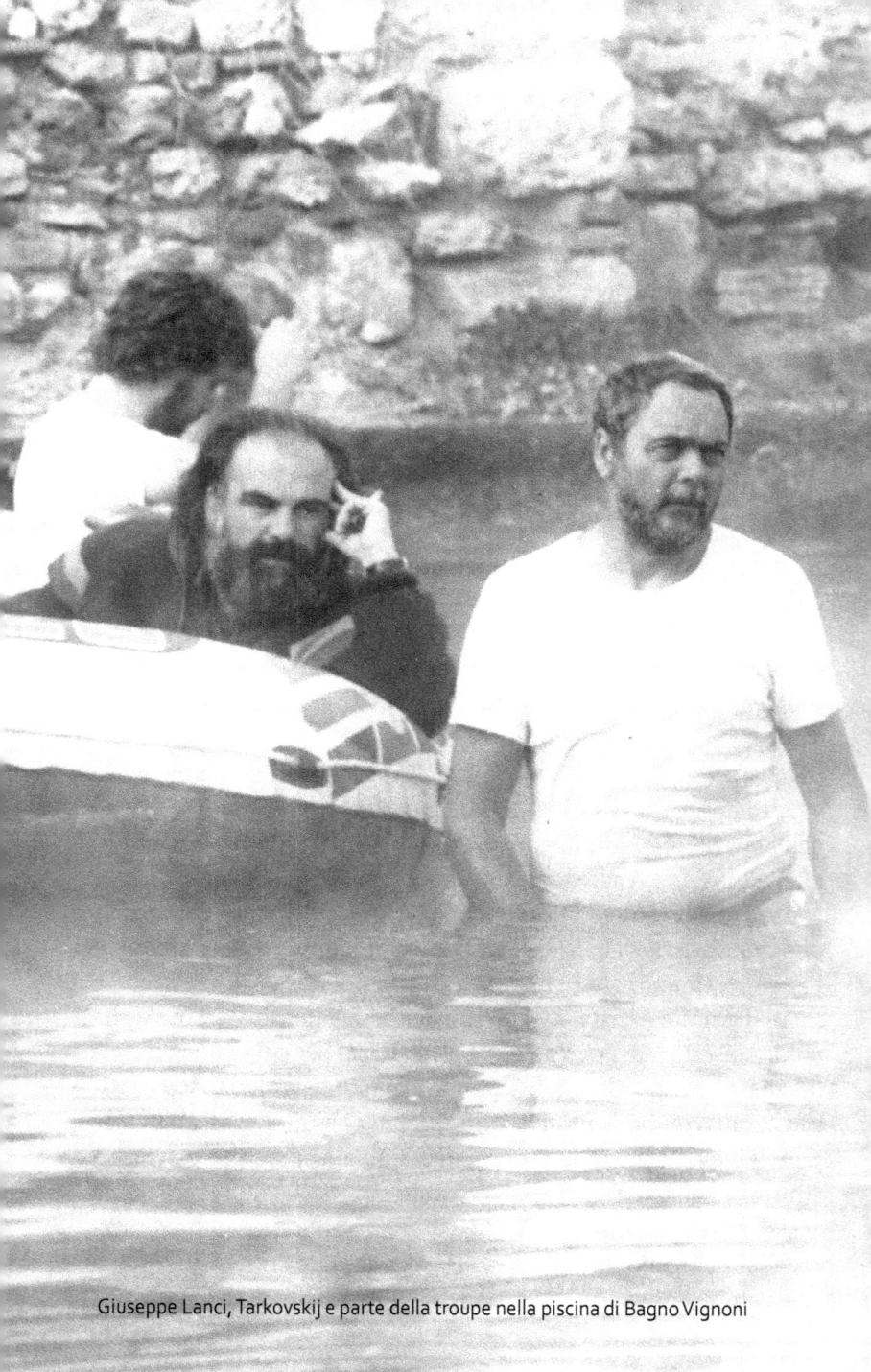
Giuseppe Lanci, Tarkovskij e parte della troupe nella piscina di Bagno Vignoni

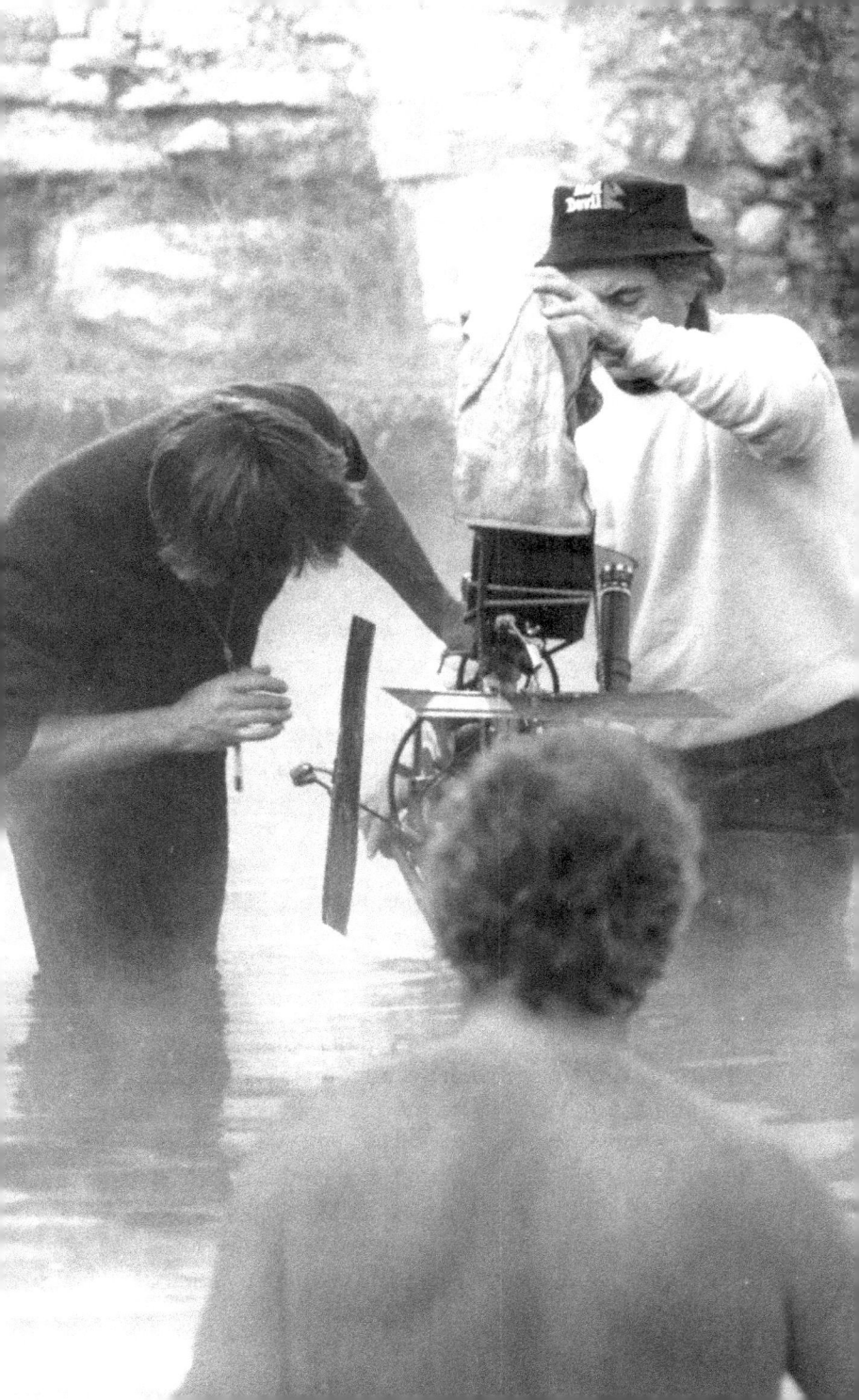

ancora più suggestiva e l'immagine "russa" fino in fondo, inizia persino a nevicare. L'inquadratura è stata realizzata con un dolly posto su un carrello e con uno *zoom* che andava da 100 a 20. La velocità della macchina era a 32-34 fotogrammi per rendere più fluido il movimento e rallentare la caduta della neve.

Che definizione daresti di Tarkovskij regista?

Per risponderti utilizzo una definizione di Tarkovskij stesso. Esistono due categorie di registi: quelli che ripropongono la realtà e quelli che la reinventano. Lui la reinventava: apparentemente si partiva da una situazione realistica e poi ci si accorgeva di avere davanti agli occhi qualcosa di completamente diverso. Si era verificata una trasformazione, dovuta a tanti fattori, di recitazione, scenografici, ambientali, di movimenti di macchina, l'aggiunta della nebbia, il *ralenti*. Era in grado di creare una situazione che si allontanava dalla realtà da cui si era partiti. Un'invenzione continua di ogni situazione. Rivedendo il film ci sono delle sequenze veramente emozionanti. Situazioni che sembrerebbe impossibile poter realizzare, che invece vengono proiettate sullo schermo ammantate di una luce nuova, inaspettata.

Eri presente quando c'è stata la prima proiezione, a film concluso? Eri con Tarkovskij quando il film è stato proiettato per la prima volta?

In quel periodo mi trovavo nei pressi di Bologna per la lavorazione all'*Enrico IV* di Bellocchio, ma sono tornato a Roma un sabato per dare l'ok alla prima copia. Sono andato a prendere Tarkovskij a casa e ci siamo recati insieme alla Technicolor. Abbiamo lavorato tutto il pomeriggio fino a notte fonda con Giancarlo Barberi, che è stato disponibilissimo, perché la prima copia aveva delle differenze rispetto alla copia lavoro e Andrej preferiva le immagini della copia lavoro, motivo per cui ha voluto rivederla interamente.

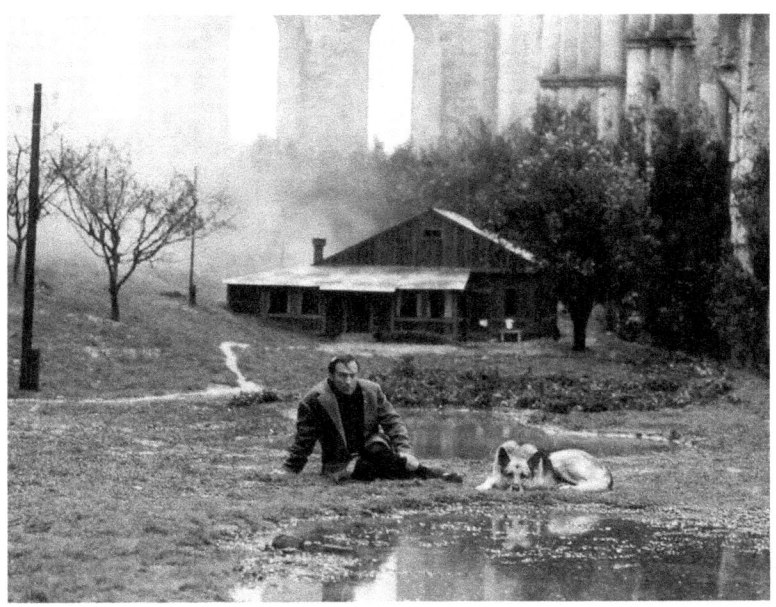

La scena finale del film, Gorčakov e la sua casa russa all'interno dell'Abbazia di San Galgano

Dopo lunghe ore passate insieme, abbiamo dato a Barberi una serie di indicazioni per la stampa, dopodiché sono dovuto ripartire per tornare sul set bolognese. Dopo aver visto *Nostalghia* al cinema, ho benedetto ancora di più il fatto di essere riuscito a ottenere uno stampatore di mia fiducia, perché questo film sarebbe stato completamente rovinato da una persona non abbastanza sensibile.

Quando l'hai visto al cinema che sensazione hai provato?

È un lavoro bellissimo e ci tengo a sottolineare ancora che Barberi aveva stampato una copia ottima. I neri erano scintillanti. Credo che il livello straordinario del film debba molto anche alla scelta di Erland Josephson e Oleg Jankovskij, due interpreti eccezionali. Tarkovskij presentò *Nostalghia* a Cannes, dove vinse il premio delle

51

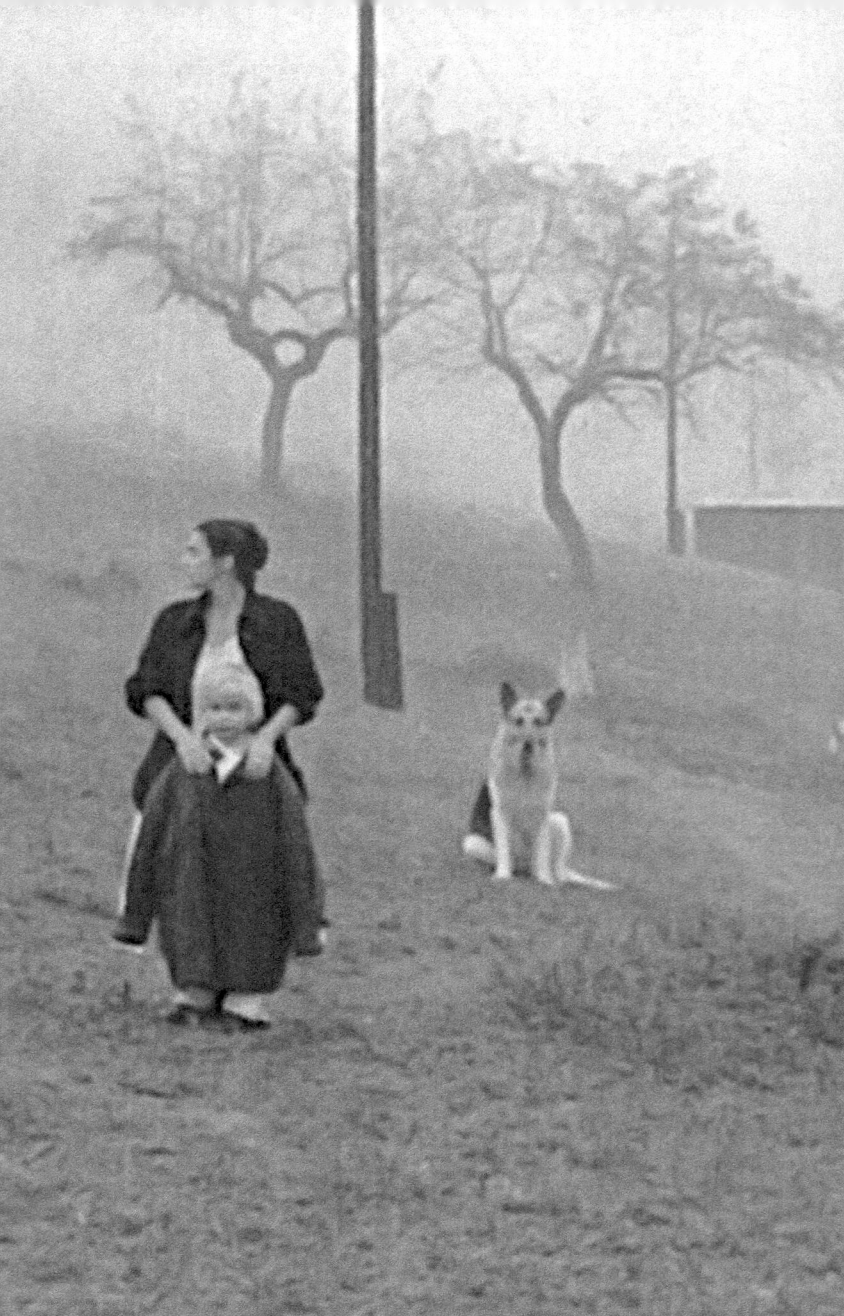
La scena iniziale del film, la famiglia del protagonista

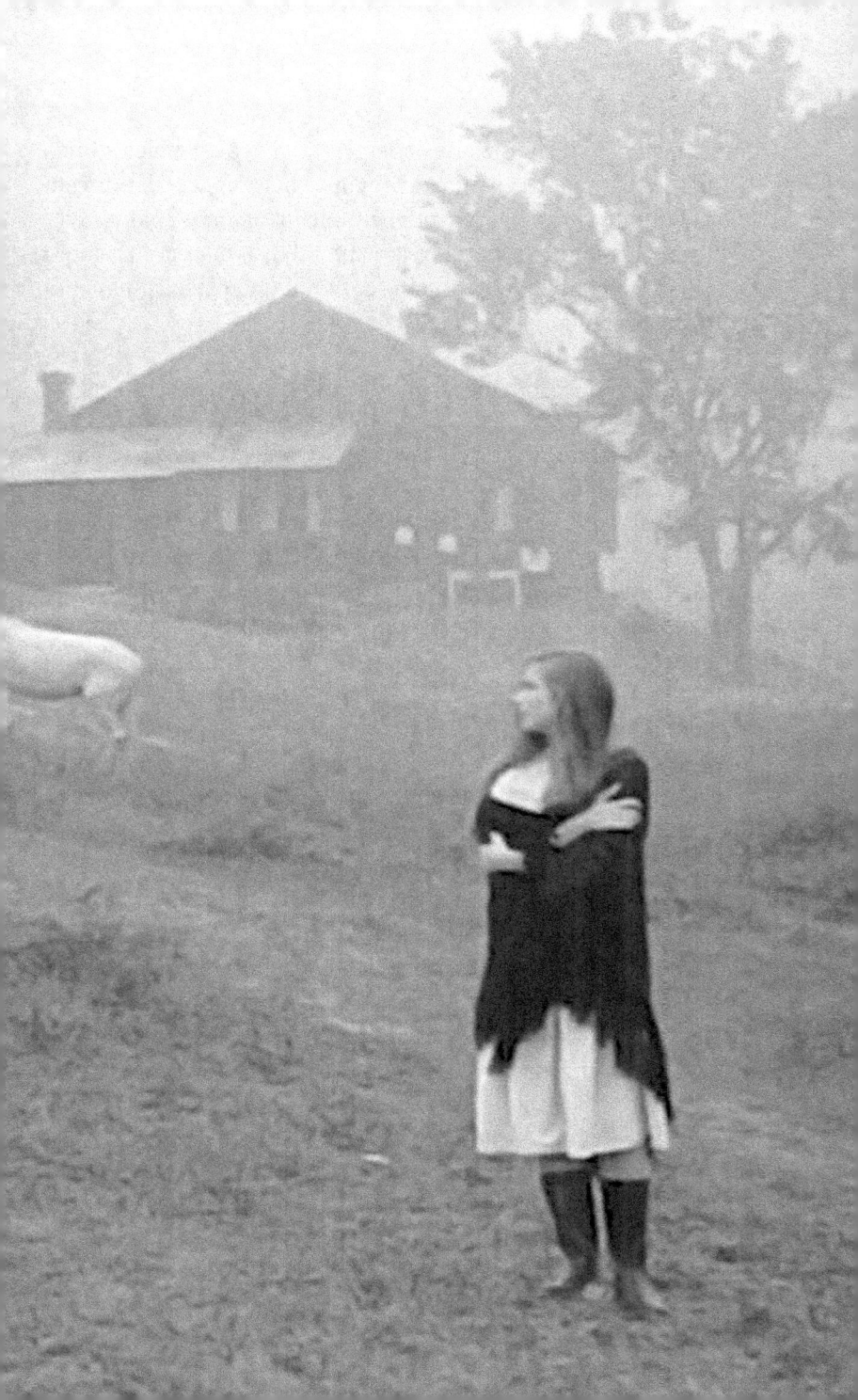

giuria, malgrado l'opposizione di Sergej Bondarčuk, nemico storico di Tarkovskij e rappresentante del regime sovietico, che ha cercato fino all'ultimo di non fargli ottenere alcun premio. Andrej aveva ottime possibilità di ricevere la Palma d'Oro, ma questa ipotesi non si è concretizzata. Da Cannes ricevetti numerosi telegrammi di complimenti. Fu una bella soddisfazione.

Dopo l'uscita di Nostalghia *a Cannes cosa è successo?*

Andrej ed io siamo rimasti in rapporto. Avrebbe voluto che andassi in Svezia a lavorare al suo ultimo film, *Sacrificio*. Inizialmente avrebbe dovuto essere una coproduzione RAI con la Svensk Film Institutet, casa cinematografica statale svedese, poi invece la RAI è uscita dal progetto, e a quel punto è stato proposto Sven Nykvist come direttore della fotografia: non si poteva certo dire che fosse un ripiego! In seguito Andrej mi ha confidato: «L'ho fatto soffrire parecchio. Abbiamo proiettato *Nostalghia* all'Istituto Statale e devo dire di non aver mai assistito ad una proiezione così perfetta. Quando è finita, l'ho visto molto preoccupato di che cosa lo aspettava!»[2]. Dopo circa una settimana dall'inizio della lavorazione, in cui Nykvist aveva rivestito contemporaneamente il ruolo di direttore della fotografia e di operatore di macchina, Tarkovskij ha sbottato: «Voglio l'operatore di macchina, ricominciamo da capo», ripristinando la divisione dei ruoli. Insomma, ha fatto faticare Nykvist non poco! Con grande dispiacere non ho più potuto collaborare con lui perché al suo ritorno dalla Svezia si era aggravato ulteriormente. Nonostante fosse malato parlava di nuovi progetti che avremmo potuto affrontare insieme. Quando io, Norman e Laura siamo andati a trovarlo ad Ansedonia, pochi giorni prima che morisse, ancora parlava di tutti i suoi programmi, dei film da realizzare. «Sai, Peppe, ti ho pensato perché ho visto un cortile con una luce fantastica!». Pochi giorni dopo si è recato a Parigi per l'ultimo tentativo di cure e lì è morto. Era giovane, aveva cinquant'anni. Ha fatto solo otto film, aveva enormi difficoltà a lavorare in Unione

Sovietica, ha vissuto in semi povertà a causa del regime comunista. Il suo primo film, *L'infanzia di Ivan*, che potremmo definire il suo "film di laurea", ha vinto il Leone d'Oro a Venezia. Per questo ha ricevuto grandi onori in patria. Gli hanno offerto ponti d'oro. Poi ha realizzato *Andrej Rublëv*, incentrato sostanzialmente sulla crisi di un artista che non parla più, si rifiuta di dipingere, quindi evidentemente contro il potere. L'intera storia di questo monaco, che alla fine ricomincia a dipingere, è narrata in uno stupendo bianco e nero, mentre l'unica immagine a colori è costituita dall'icona finale della Santissima Trinità. Dopo questo capolavoro gli hanno impedito di lavorare: il film è stato nascosto, mai visto da nessuno, finché qualcuno è riuscito a portarlo alla Mostra Internazionale del Nuovo Cinema di Pesaro e a proiettarlo. A quel punto ci si è resi conto che si trattava di un film straordinario. In seguito ha realizzato *Lo specchio*, *Solaris*, *Stalker*. Voleva rimanere nel nostro Paese, quindi avremmo di sicuro lavorato ancora insieme. Qui in Italia aveva comprato una casetta, un rudere a San Gregorio, nella zona di Tivoli e nel frattempo viveva in affitto nell'attesa di ristrutturarlo. Era già diventato il "boss" del paesino: sono andato a trovarlo più volte e quando andavamo in giro la gente lo salutava, gli offrivano un bicchiere di vino. Aveva socializzato bene!

A distanza di tanti anni, cosa ti rimane dell'incontro con lui?

L'esperienza artistica e umana vissuta con Andrej è stata fondamentale. Ho sempre considerato *Nostalghia* come un tesoro: ogni tanto incontro qualcuno che lo ha visto e mi dice qualcosa in merito, è un film che si vuole vedere e rivedere. Nel 2012 ho partecipato a un convegno dedicato ad Andrej presso l'Università LUMSA, dal titolo *Andrej Tarkovskij. Un umanista cristiano nella temperie del Novecento*, in occasione dell'ottantesimo anniversario della nascita, al quale è intervenuto anche suo figlio, Andrej Jr. Ero stato invitato da Massimo Nardin, docente dell'Università, con il quale abbiamo animato una conversazione molto interessante

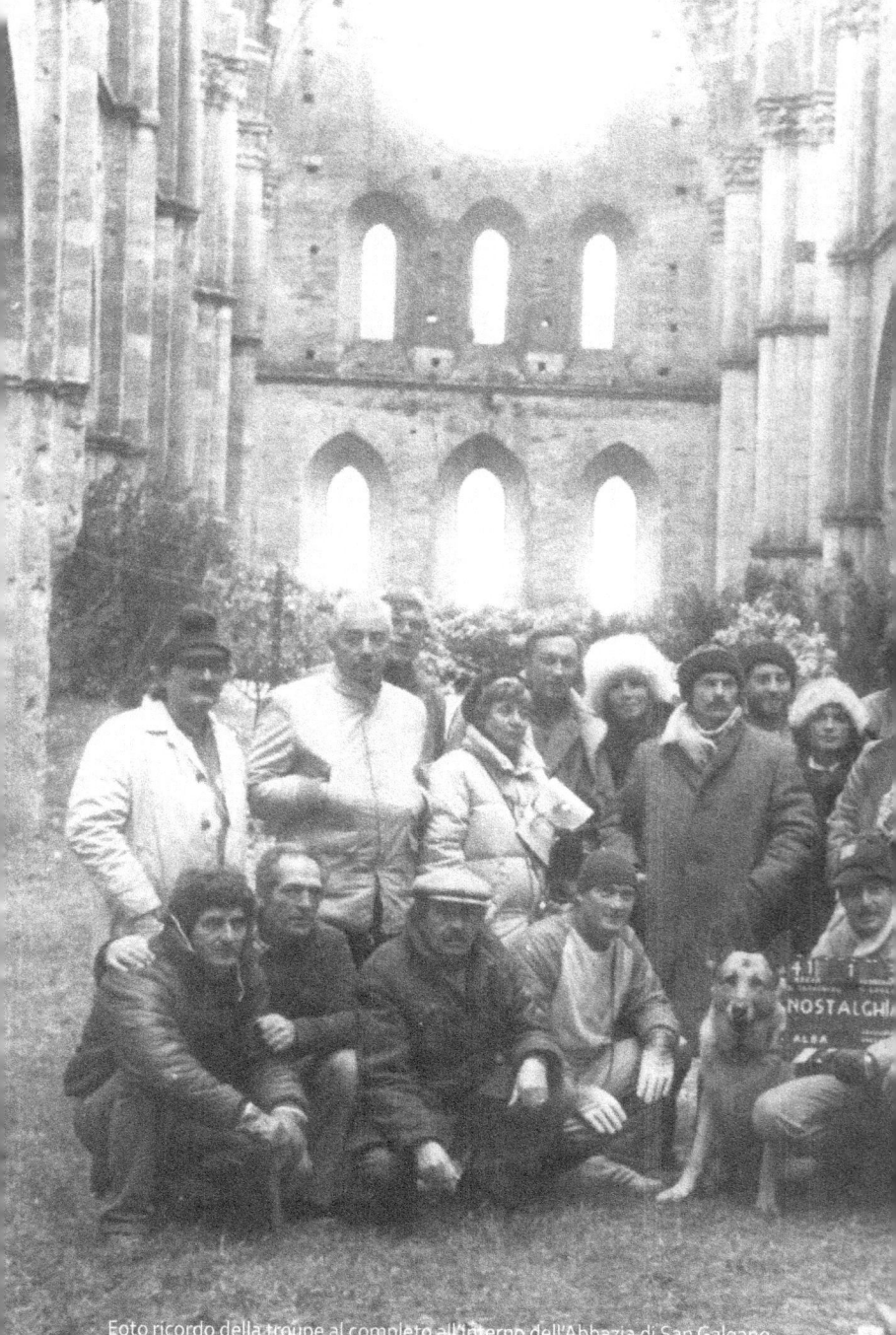

Foto ricordo della troupe al completo all'interno dell'Abbazia di San Galgano

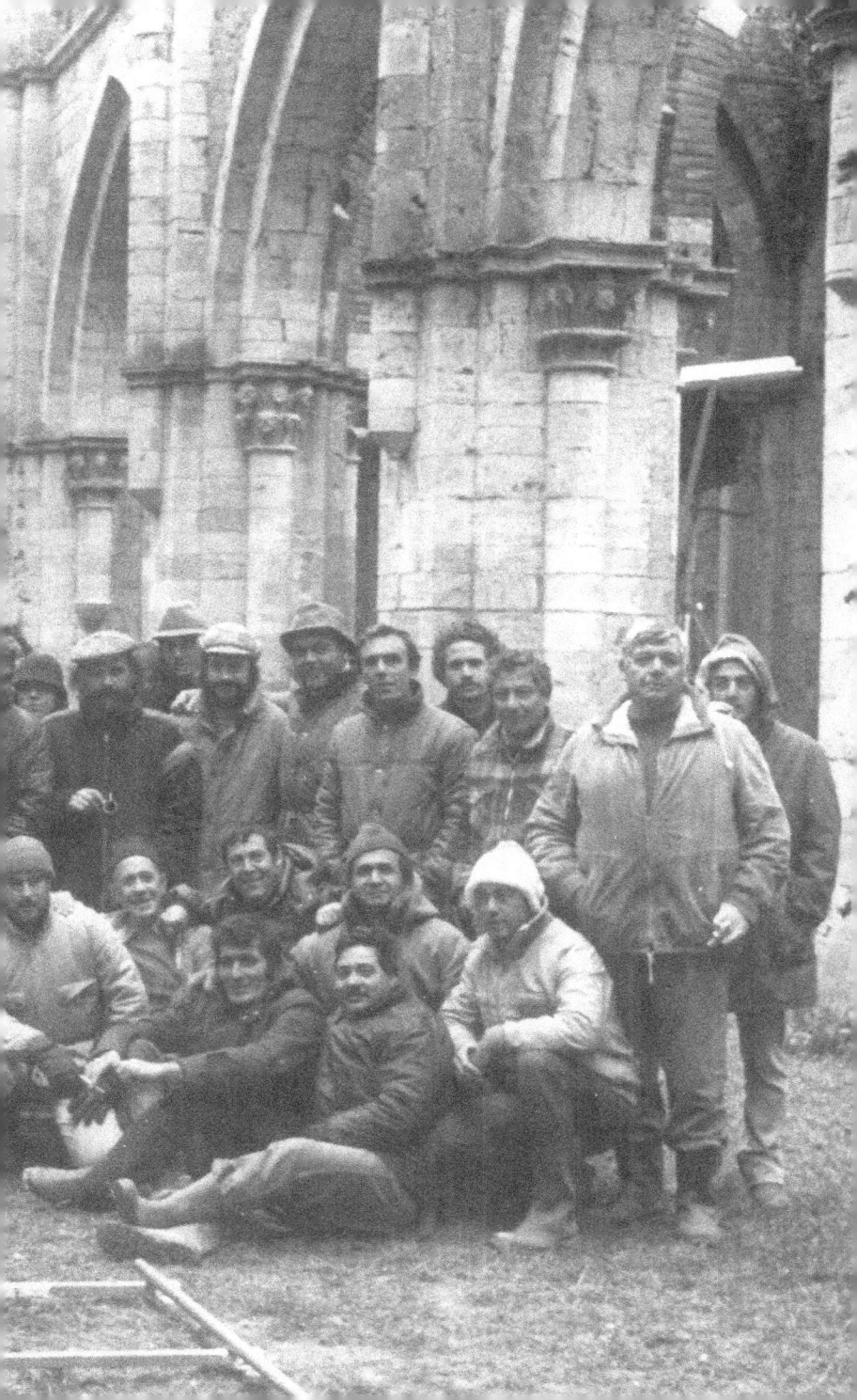

con gli allievi. Questo è solo un esempio recente, ma si tratta di un *continuum*. L'anno scorso sono stato a un cineforum ad Amelia in cui hanno proiettato *Nostalghia*: un posto stranissimo, un misto tra un teatro e una casa, con i divani, un buffet, in cui si paga una piccola quota di iscrizione, si cena, si guarda il film e poi c'è il dibattito! Avevano fatto una locandina molto bella. Tutto questo per dire che sono passati trent'anni, ma il film continua a circolare, ad avere una sua vita.

È un film che proponi ai tuoi allievi?

Certamente! Come potrei non farlo?! È un vero e proprio tesoro. C'è sempre qualcuno che, dopo averlo visto, porta con sé qualcosa di più. Lavorando a stretto contatto con gli studenti che utilizzano sostanzialmente il digitale, mi ritrovo spesso a pensare che Tarkovskij lo avrebbe apprezzato perché avrebbe sfruttato in modo geniale la possibilità di modificare i colori in post produzione. Mi ricordo che si era informato e voleva parlare con la Kodak affinché inventassero una pellicola con dei colori leggermente diversi! Credo che il primo impatto con questa tecnologia lo avrebbe disturbato, ma penso che in seconda battuta avrebbe amato le nuove possibilità creative che gli avrebbero permesso di inventare nuovi colori, di fare sperimentazioni tutte sue, nuovi modi di trasfigurare la realtà.

Come è stato tornare a lavorare agli "altri" film?

Dopo *Nostalghia* tornare ai film "normali", privi di tale rigore, è stato difficile, perché mi ero abituato a un modo di lavorare diverso, estremamente libero. Per Andrej l'immagine era significante, aveva un significato ben preciso. Pur avendo girato film di un certo livello, dentro di me spesso ho sofferto. Forse, stando a contatto con lui, ero diventato troppo esigente. Con il passare del tempo mi sono riabituato, anche perché ho dovuto riconoscere che di Tarkovskij al mondo ce n'è uno solo. Non mi posso certo lamentare, però, anche perché dopo *Nostalghia* ho girato film come l'*Enrico IV* di Bellocchio e *Kaos* dei Taviani. Nonostante la costante collaborazione con registi di questo calibro, non è stato del tutto semplice immergermi nuovamente nel tradizionale cinema italiano. Non credo di esagerare nell'affermare che alcune scene di *Kaos* siano bellissime, ma inizialmente provai fatica, quasi una "sofferenza", perché in quel caso la produzione non voleva sentire storie: si doveva girare a tutti i costi, anche nelle condizioni più sfavorevoli. Se si gira, ad esempio, una sequenza in cui improvvisamente l'atmosfera cambia perché va via il sole, cambiano i contrasti, cambia il colore. Il film diventa all'istante qualcosa d'altro. Non è un problema meramente fotografico: è un problema narrativo.

Artdigiland è un'attività editoriale che offre – attraverso editoria e broadcasting – interviste esclusive ad artisti internazionali. E saggi, monografie, biografie, raccolte di materiali. Artdigiland è anche una community web di autori, curatori, videomaker.

Vi invitiamo a sottoscrivere la nostra newsletter per essere informati sulle nuove uscite, sui nostri eventi e sulle offerte riservate ai nostri lettori: http://www.artdigiland.com/newsl

http://artdigiland.com

Per informazioni: www.artdigiland.com
Per contatti: info@artdigiland.com

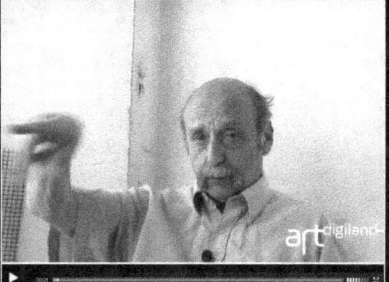
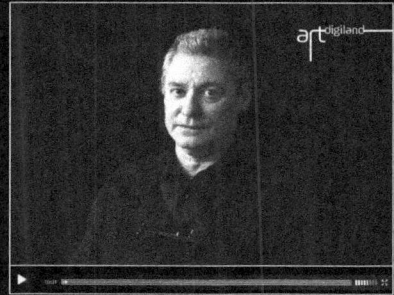

intervista a Marc Scialom
a cura di Silvia Tarquini

intervista a Fabrizio Crisafulli
a cura di Enzo Cillo

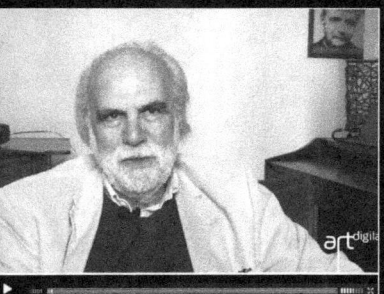
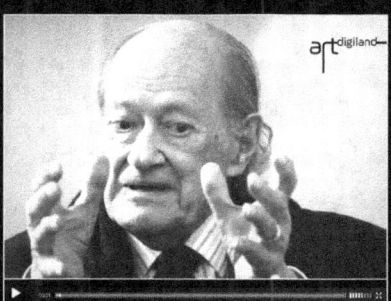

intervista a Beppe Lanci
a cura di Monica Pollini

intervista a Ugo Gregoretti
a cura di Vincenzo Valentino

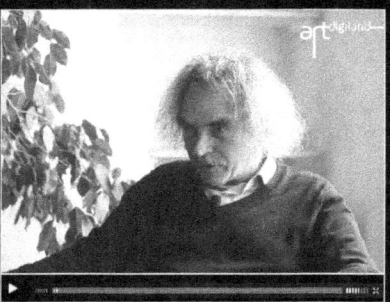
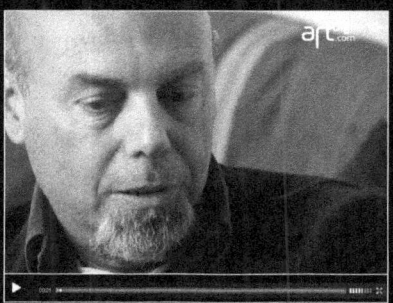

intervista a Eugène Green
a cura di Federico Francioni

intervista a Luca Bigazzi
a cura di Alberto Spadafora

Artdigiland ha pubblicato in italiano:

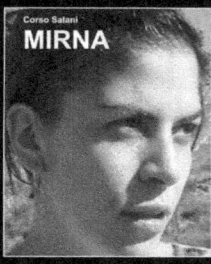

MIRNA
di Corso Salani, dvd

Ultima opera di un cineasta anomalo come pochi e straordinariamente tenace, *Mirna* rappresenta la summa del cinema di Salani: storia di una donna, storia di un amore, storia di un viaggio e insieme sotterraneo autoritratto e sublime metafora dell'identità artistica. A partire da un incipit che ricorda quello de *La prima notte di quiete* di Valerio Zurlini, scivolando su acqua, paesaggio, musica e promettendo poesia, Salani realizza un cinema estremo, puro, libero, e scava con la sua camera in un'identità – la sua, dietro quella di Mirna – che misteriosamente si afferma con spontaneo coraggio e inevitabile autonomia. Il regista racconta nel volume *Mirna*, omonimo diario cinematografico che pubblichiamo parallelamente al dvd, che il film riguarda, come sempre nella sua opera, un tormento esistenziale reale e personale, un'esperienza di amore e abbandono, di ricordo, rimpianto, colpa. Corso Salani tesse trame sottili tra vita e opera, attua un transfert radicale nei suoi personaggi femminili, usa i luoghi come spazi dell'anima, come simboli, con un'attitudine che, prima di lui, era stata di Antonioni. (Silvia Tarquini)

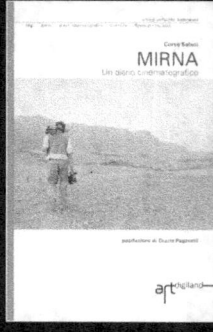

MIRNA
Un diario cinematografico
di Corso Salani
postfazione di Grazia Paganelli, 2017

«Che poi, detto così, sembra soltanto un problema di casting, qualcosa che si risolve in fretta perché poi in fondo sono già stati fatti centinaia di migliaia di film in tutto il mondo e un modo per uscirne si trova, basta fare ricorso all'esperienza. Ma qui è un po' più complicato: c'è da presentarsi come regista straniero e chissà perché non c'è mai nessuna a cui venga in mente di dare un'occhiata su internet prima dell'incontro, anche solo per curiosità; c'è da proporre un film che non ha e non avrà sceneggiatura; e c'è da offrire un compenso che grida giustizia. E questo è il meno: anzi, non è niente. Perché la poveretta che verrà scelta, non sa – e non c'è modo di avvertirla prima – che verrà travolta in poche ore, al massimo dopo un giorno di riprese, da un'ammirazione, da una gratitudine, da un amore sconfinato che, come al solito, le toglierà il respiro e, tanto per citare qualche sua collega che l'ha preceduta – anime belle nel mondo delle meraviglie – perfino la libertà».

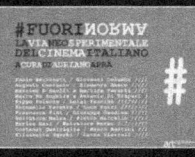

FUORINORMA
La via neosperimentale del cinema italiano
a cura di Adriano Aprà, 2017

Catalogo del primo Festival Espanso Fuorinorma (Roma
26 ottobre - 22 dicembre 2017)
www.fuorinorma.it

«Sono sperimentali i film di cui parlo? Lo sono in
quanto ricercano nuove strategie espressive diverse e
opposte a quelle istituzionalizzate dal cinema di finzione
e documentario. Lo sono perché scoprono nuove ipotesi
narrative, nuove strutture drammaturgiche, nuove opzioni
di montaggio, di musica, di suono». (Adriano Aprà)

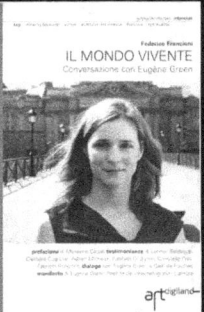

IL MONDO VIVENTE
Conversazione con Eugene Green
a cura di Federico Francioni, 2017

Il giusto tempo di una conversazione per avvicinarsi a
uno degli autori più particolari del panorama francese
contemporaneo, Eugène Green. Artista proteiforme,
approda al cinema dopo decenni di lavoro nella compagnia
di teatro barocco da lui stesso fondata, le Théâtre de la
Sapience. Il primo dei suoi sette film, *Toutes les nuits*, arriva
nel 1999, quando Green ha oltre 50 anni. Da quel momento
realizza sette lungometraggi e pubblica numerosi romanzi
con Gallimard e altri editori. Americano di nascita e
francese di adozione, riconosce la sua sostanziale venuta al
mondo solo a 20 anni, quando raggiunge l'Europa e decide
di trasferirsi a Parigi. È da qui che ha inizio la ricostruzione,
la sua incessante quête di un linguaggio di cui sente
l'assenza dalla nascita, lasciandosi alle spalle gli Stati Uniti,
che chiama con il nome "La Barbarie". Il libro nasce dalla
volontà di un incontro autentico, uno scambio, perché
la storia del cinema è una storia di fantasmi e ombre. Di
forme, ma soprattutto di uomini.

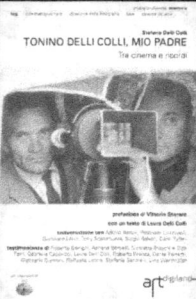

TONINO DELLI COLLI, MIO PADRE
Tra cinema e ricordi
di Stefano Delli Colli,
prefazione di Vittorio Storaro, 2017

Negli 80 anni dalla nascita di Cinecittà, che sono anche
gli 80 anni dall'ingresso di Tonino Delli Colli negli stabilimenti di via Tuscolana 1055 –, Stefano Delli Colli, figlio
del grande direttore della fotografia, rende omaggio al pa-
dre raccontandone, dal suo personale punto di vista, l'avventura cinematografica. Dal fervore degli anni '50 alla
grande stagione al fianco di Pier Paolo Pasolini, da Sergio
Leone a Federico Fellini, passando per Monicelli, Annaud,
Polanski, Ferreri e tanti altri grandi registi, il racconto
dell'autore, a tratti commosso, ci restituisce la memoria
della parabola di uno dei "pionieri" della fotografia del
cinema italiano. Un omaggio al suo grande mestiere, al
suo naturale istinto fotografico, alla sua umiltà e umanità.

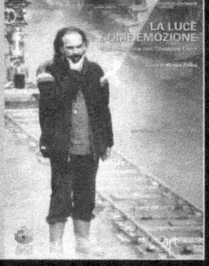

LA LUCE COME EMOZIONE
Conversazione con Giuseppe Lanci
a cura di Monica Pollini,
prefazione di Laura Delli Colli, 2017

La voce pacata e l'espressione attenta di Giuseppe Lanci,
non di rado accompagnate da sottile e delicato umorismo,
condurranno il lettore in un racconto che attraversa, nel
vivo del set, oltre cinquant'anni del migliore cinema italiano,
e non solo. Dalla formazione al Centro Sperimentale di
Cinematografia all'esperienza da operatore di macchina
al fianco di Tonino Delli Colli e Franco Di Giacomo, dalle
incertezze degli esordi all'immersione nella dimensione unica
del cinema di Andrej Tarkovskij per *Nostalghia*, dai sodalizi
artistici con Marco Bellocchio, Paolo e Vittorio Taviani, Nanni
Moretti agli incontri con Bolognini, Magni, Wertmüller,
Von Trotta, Cavani, Del Monte, Greco, Piscicelli, Archibugi,
Luchetti, Benigni, Franchi... L'arte e il mestiere del creare
la luce e l'impatto visivo del film sono resi con dovizia di
particolari tecnici ma sempre nell'ambito di un approccio
umanistico, e in un insieme di riflessioni che vanno dai
condizionamenti produttivi alle relazioni con gli altri reparti
del set e gli attori, fino al tema della "carriera" in generale.
L'intervista si sofferma poi sull'ultima passione di Lanci,
quella per l'insegnamento.

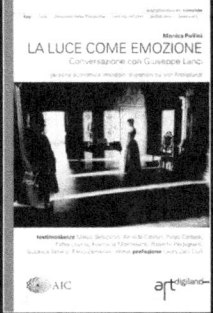

LA LUCE COME EMOZIONE
Conversazione con Giuseppe Lanci
a cura di Monica Pollini,
prefazione di Laura Delli Colli, 2017

Del volume *La luce come emozione* è disponibile una versione economica di formato ridotto e senza immagini; le immagini sono disponibili per i nostri lettori sul sito Artdigiland, al link indicato nel libro.

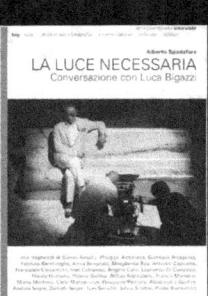

LA LUCE NECESSARIA
Conversazione con Luca Bigazzi
a cura di Alberto Spadafora
prefazione di Silvia Tarquini, 2012 - II ed. agg. 2014

Un libro intervista che "illumina" aspetti non noti delle migliori opere cinematografiche italiane degli ultimi trent'anni. La narrazione di Luca Bigazzi – direttore della fotografia e insieme operatore di macchina – raccoglie con coerenza caratteri tecnici, artistici ed etic del lavoro sul set. Bigazzi racconta la genesi del suo modo di lavorare libero da regole codificate, i motivi delle sue scelte professionali, la luce che ama, le ragioni della sua passione per lo stare in macchina. Come "controcampo", le testimonianze di 24 protagonisti del cinema italiano, tra registi, attori, produttori, fotografi di scena e collaboratori.

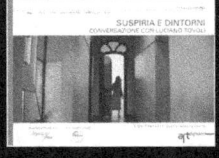

SUSPIRIA E DINTORNI
Conversazione con Luciano Tovoli
a cura di Piercesare Stagni e Valentina Valente,
prefazione di Antonio Costa, 2018

Suspiria e dintorni prosegue l'esplorazione Artdigiland nei territori dell'uso artistico della luce e del colore. Luciano Tovoli AIC ASC IMAGO è Autore della cinematografia con registi quali Vittorio De Seta, Michelangelo Antonioni, Dario Argento, Maurice Pialat, Valerio Zurlini, Francis Veber, Andrej Tarkovskij, Ettore Scola, Julie Taymor, Barbet Schroeder e molti altri, ed è creatore della federazione Europea degli Autori della Cinematografia – IMAGO. Il volume intervista ripercorre le tappe della realizzazione di un immortale capolavoro, *Suspiria*, dai test effettuati per la fotografia fino ai processi di stampa, facendoci rivivere un'incredibile avventura estetica. Descrive in dettaglio il making di numerose sequenze, la relazione con il regista, approfondisce le premesse culturali e i riferimenti visivi dell'opera, racconta il contesto delle battaglie per l'innovazione delle tecniche fotografiche negli anni '70. Soprattutto, il libro rivela la passione di Luciano Tovoli per l'arte e la sua instancabile ricerca di un uso espressivo del colore nel cinema.

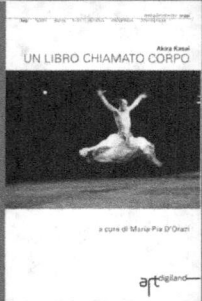

UN LIBRO CHIAMATO CORPO
di Akira Kasai
a cura di Maria Pia D'Orazi, 2016

Le discipline esoteriche insegnano che il corpo non è mai un ostacolo per la piena realizzazione dell'individuo. Al contrario, è il mezzo necessario per la sua elevazione spirituale, perché lo spirito si forma per gradi dopo aver accolto ed elaborato le esperienze del mondo fisico. Ed è attraverso la focalizzazione della percezione sulle sensazioni fisiche che l'essere umano può acquisire consapevolezza della sua identità più profonda: allora, quando mette a tacere l'intelletto e dirige la coscienza sulle sensazioni, riesce a percepire il corpo interiore come un flusso di energia che scorre nell'organismo, sperimentando il contatto con la sua identità di essenza a partire dalla sua identità di forma. Attraverso il contatto con l'Essenza è possibile distinguere i pensieri autenticamente individuali generati dal proprio sé, da quelli provenienti da istinti fisici o abitudini sociali; mentre si entra in un territorio senza limiti dove "io è un altro" e scompare ogni differenza fra individui, generazioni, civiltà o religioni che possa generare una cultura della sopraffazione e della violenza. Allora, la ricerca espressiva diventa qualcosa di più e qualcosa d'altro: è sistema pedagogico e visione dell'uomo nuovo, un modo di trasformare se stessi per trasformare il mondo.

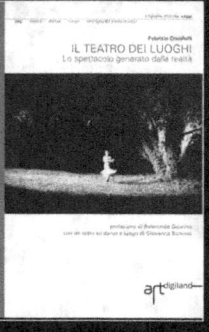

IL TEATRO DEI LUOGHI
Lo spettacolo generato dalla realtà
di Fabrizio Crisafulli
con un testo su danza e luogo di Giovanna Summo,
prefazione di Raimondo Guarino, 2015

Fabrizio Crisafulli analizza caratteri e modalità di quel particolare tipo di ricerca che ha chiamato "teatro dei luoghi", a oltre vent'anni dalla sua prima formulazione. Un tipo di lavoro nel quale il "luogo" e l'insieme delle relazioni che lo costituiscono vengono assunti come matrice e "testo" della creazione teatrale. Le motivazioni alla base di questa ricerca, il suo riportare l'attenzione sui luoghi, la realtà locale, la prossimità, si sono riaffermate nel corso degli anni per l'accrescersi delle questioni legate allo sviluppo mediatico, alla perdita di contatto della vita quotidiana con i luoghi, e per le criticità che le forme di comunicazione a distanza e i social network creano, accanto a nuove opportunità, sul piano delle relazioni umane e dei modi di sentire lo spazio. Il volume fa definitivamente luce sul fatto che il "teatro dei luoghi", nell'uso comune a volte inteso (e frainteso) semplicemente come teatro che si svolge fuori dagli edifici teatrali, non è definito dallo spazio dove si fa lo spettacolo, ma dall'idea stessa di "luogo" e dal modo specifico in cui il lavoro si relaziona al sito. In qualsiasi posto si svolga. Chiarendo, attraverso riflessioni ed esempi, ragioni e operatività di quello che è un modo radicalmente nuovo di fare e concepire il teatro.

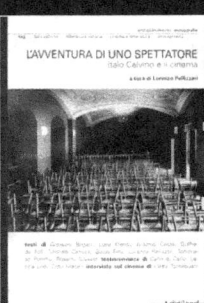

UN TEATRO APOCALITTICO
La ricerca teatrale di Giuliano Vasilicò negli anni Settanta
di Fabrizio Crisafulli,
prefazione di Dacia Maraini, 2017

Giuliano Vasilicò (1936-2015) è stato un protagonista del teatro italiano degli anni Settanta del Novecento, attivo nel particolare contesto delle "cantine romane". Nelle storie del teatro viene fatto spesso appartenere – insieme a Mario Ricci, Giancarlo Nanni, Memè Perlini – al cosiddetto "teatro-immagine". Un'etichetta – dal regista emiliano mai accettata – che, al di là della capacità che a suo tempo ha avuto di individuare un fenomeno e di farlo conoscere, ha poi forse fatto da deterrente alla conoscenza dei singoli artisti che di quel fenomeno sono stati parte. Il teatro è stato per Vasilicò un potenziale mezzo di rivelazione, innanzitutto a se stesso, di aspetti nascosti dell'esistenza. Da qui il titolo *Un teatro apocalittico*, visto che *apo-kalýptein* vuol dire togliere il velo, scoprire. E che l'aggettivo, in accezioni differenti, è facilmente associabile ad uno dei suoi spettacoli più importanti, *Le 120 giornate di Sodoma* da Sade.

L'AVVENTURA DI UNO SPETTATORE
Italo Calvino e il cinema
a cura di Lorenzo Pellizzari, 2015
con saggi e autori vari

Nel trentennale della scomparsa, Artdigiland celebra Italo Calvino. Il libro ripercorre le poche ma fruttuose relazioni dello scrittore con il cinema italiano ma soprattutto sviluppa il viaggio in un immaginario che dal cinema prende le mosse. Si parte da quanto Calvino racconta nella sua *Autobiografia di uno spettatore*, del '74, prefazione al volume *Fellini: quattro film*, si attraversano racconti, romanzi, saggi critici individuando l'imprinting cinematografico, e si arriva al "segno calviniano" di non poche opere del cinema e del disegno animato contemporanei. L'apparato iconografico rende omaggio alla fascinazione calviniana per il cinema classico, soprattutto americano.

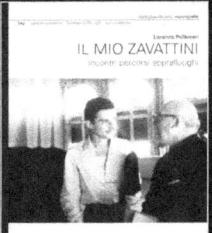

IL MIO ZAVATTINI
Incontri percorsi sopralluoghi
di Lorenzo Pellizzari, 2012

Il libro raccoglie quanto Pellizzari ha scritto e pensato su Zavattini da quando era ragazzo ad oggi, insieme ad una storica intervista, in cui Zavattini si concede forse come mai; documenta un lungo rapporto intellettuale e personale, fatto di infinite riflessioni, desideri, slanci, critiche, pentimenti, ripensamenti; e rivela l'ininterrotto impegno del critico a capire, da una parte, e a "stimolare", quasi, dall'altra, il suo personaggio. Un impegno appassionato e civile, e insieme sedotto dalla qualità giocosa della scrittura zavattiniana.

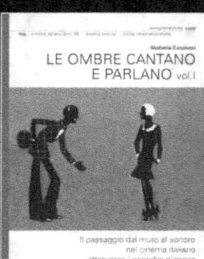

LE OMBRE CANTANO E PARLANO
Il passaggio dal muto al sonoro nel cinema italiano attraverso i periodici d'epoca (1927-1932)
di Stefania Carpiceci
prefazione di Adriano Aprà, vol. I, 2012

L'intento di questo libro è quello di indagare, in Italia, il passaggio dal cinema silenzioso delle origini ai nuovi fonofilm. A fare da mappa sono soprattutto le riviste e i periodici cinematografici nazionali d'epoca, analizzati a partire dal 1927 – anno della prima proiezione americana de *Il cantante di jazz*, pellicola che notoriamente decreta la nascita ufficiale e internazionale del cinema sonoro – fino al 1932, data di adozione del doppiaggio in Italia. Undici film sono poi scelti e analizzati come casi rappresentativi delle questioni messe in campo dal sonoro.

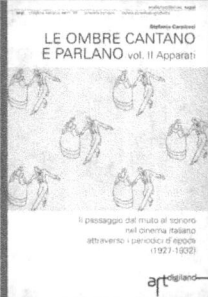

LE OMBRE CANTANO E PARLANO
Il passaggio dal muto al sonoro nel cinema italiano attraverso i periodici d'epoca (1927-1932)
di Stefania Carpiceci, vol. II Apparati, 2013

Il volume II di *Le ombre cantano e parlano* propone una mappatura ragionata dei maggiori periodici cinematografici dell'epoca: «L'Argante», «Cine-Gazzettino», «Cinema Illustrazione», «Il Cinema Italiano», «Cinema-Teatro», «La Cinematografia», «Il Cine Mio», «L'Eco del Cinema», «Kines», «La Rivista Cinematografica», «Rivista Italiana di Cinetecnica» e «Lo Spettacolo Italiano». Ad essi si aggiungono due riviste teatrali, «Comoedia» e «Il Dramma», e un quotidiano, «Il Tevere», particolarmente attenti al cinema. Le testate sono scandagliate in relazione ai vari aspetti del passaggio dal muto al sonoro. Altro osservatorio privilegiato sono naturalmente i film, dei queli si riporta il repertorio.

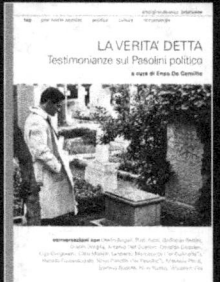

LA VERITÀ DETTA
Testimonianze sul Pasolini politico
a cura di Enzo De Camillis, 2015

Il quarantennale della morte di Pasolini cade in una fase del nostro Paese che in molti definiscono di "catastrofe culturale" (e politica, economica, umanitaria). Ponendosi in relazione con l'oggi, il libro propone una serie di testimonianze inedite sul Pasolini "politico", intellettuale spesso in contrasto con la sinistra ufficiale della sua epoca.

Si avvisano i lettori che il libro è esaurito.

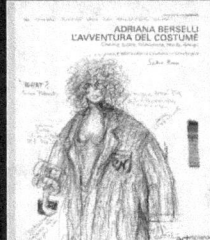

ADRIANA BERSELLI. L'AVVENTURA DEL COSTUME
Cinema, teatro, televisione, moda, design
a cura di Vittoria Caterina Caratozzolo, Silvia Tarquini, prefazione di Steve Della Casa, 2016

Il volume adotta la formula del libro-intervista con l'intento di costruire un ritratto d'artista basato sull'immersione nella sua "fucina" creativa, e di tracciare contestualmente la fisionomia di un mestiere. Dopo l'esordio, giovanissima, con Pabst, negli anni '50, Berselli è al fianco di Blasetti, Risi, Comencini, Vasile, Petroni e Camerini in numerosi film che ritraggono l'evoluzione della società italiana del boom economico. Michelangelo Antonioni le affida i costumi per *L'avventura*, trasparente capolavoro di analisi sociologica e antropologica. Negli anni '60 Berselli rappresenta la rivoluzione sessantottina e l'affermarsi di nuove tecniche, nuovi tessuti, nuove forme, prima tra tutte quella della minigonna. Nei '70 – ricordiamo, tra le altre, la collaborazione con Polanski per *What?* –, racconta, sottotraccia, attraverso sovrapposizioni di stili e generi, le intemperanze e le frustrazioni di un decennio già carico di fallimenti ideologici e politici. Ma il talento di Adriana Berselli non si limita al cinema. A fine anni '70 ha interrotto per circa un decennio il suo lavoro cinematografico per seguire il marito in Venezuela, paese in cui ha ottenuto premi e riconoscimenti nei campi del teatro e della moda e ha tenuto corsi sul costume in accademie, circoli culturali, università e in programmi televisivi. Tornata poi in Italia, e al cinema e alla televisione, ancora oggi esprime il suo talento disegnando "personaggi di strada.

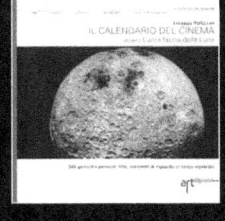

IL CALENDARIO DEL CINEMA
Ovvero L'altra faccia della Luna
365 giorni tra persone, film, momenti di riguardo (e senza riguardo)
di Lorenzo Pellizzari, 2016

Un calendario che si rispetti dedica ognuno dei suoi 365 giorni a un cosiddetto santo o a un memorabile momento della liturgia. Poteva sfuggire alla regola un calendario dedicato all'empireo del cinema, all'Olimpo dei suoi divi e delle sue divine, agli eventi della sua ormai lunga storia? Non poteva. Persone, film, momenti, ripescati dalla

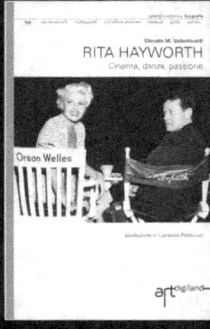

RITA HAYWORTH
Cinema, danza, passione
di Claudio Valentinetti
prefazione di Lorenzo Pellizzari, 2014

Una sterminata filmografia, più di sessanta titoli, anche se pochi sono quelli folgoranti, *Sangue e arena*, *La signora di Shanghai*, *Gilda*. Cinque mariti, tra cui il genio Orson Welles e l'"imam" Ali Khan, e molti grandi partner sul set. Un mito costruito dalla Mecca del Cinema di quegli anni per mano di sapienti produttori e di abili registi: Charles Vidor, Rouben Mamoulian, Howard Hawks, William Dieterle, Henry Hathaway, Raul Walsh e, ovviamente, Welles. Una vita durissima: un lungo lavoro per raggiungere il successo, prima come ballerina, negli spettacoli e nella scuola di flamenco della sua famiglia, i Dancing Cansinos, e poi come attrice. Senza mai ottenere quello che più desiderava: la felicità familiare.

Artdigiland ha pubblicato in italiano, francese e inglese:

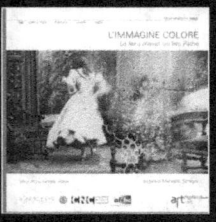

L'IMMAGINE COLORE
Le fer à cheval, un film Pathé
autori vari, a cura di / ed. by Marcello Seregni
prefazione di / foreword by Giulia Barini, 2016
in collaborazione con Ass. Cult. Hommelette e con il sostegno scientifico dell'AFRHC - Association française de recherche sur l'histoire du cinéma

The book offers a collection of essays on the history of silent film and film restoration, with particular attention to Camille de Morlhon's *Le fer à cheval* (1909), restored by Associazione Culturale Hommelette and Fondation Jérôme Seydoux-Pathé. Contributions by Rossella Catanese, Eric Le Roy, Federico Pierotti, Alice Rispoli, Stéphanie Salmon, Claudio Santancini, Elisa Uffreduzzi, Giandomenico Zeppa; foreword by Giulia Barini. A large iconographic insert with color frames completes the book. Instructions to request free online access to *Le fer à cheval* are included.

Artdigiland ha pubblicato in italiano e francese:

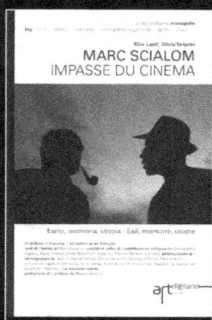

MARC SCIALOM. IMPASSE DU CINEMA
Esilio, memoria, utopia / Exil, mémoire, utopie
a cura di / sous la direction de Mila Lazić, Silvia Tarquini
prefazione di / préface de Marco Bertozzi, 2012

Marc Scialom, ebreo di origini italiane, toscane, poi naturalizzato francese, nasce a Tunisi nel 1934. Dopo le persecuzioni naziste nel '43 in Tunisia, le ripercussioni sugli Italiani, meccanicamente associati al fascismo nel periodo dell'"epurazione", e la strage di Biserta (1961) – che denuncia nel corto *La parole perdue* (1969) –, si trasferisce in Francia. La sua vita si intreccia, "mancandola", con la storia del cinema: a Parigi il lungometraggio *Lettre à la prison* (1969-70), realizzato senza un produttore e quasi clandestinamente, non è sostenuto dai suoi amici cineasti, tra cui Chris Marker. Deluso, Scialom chiude il film in un cassetto. Torna alle sue origini, allo studio della lingua e della letteratura italiane. Traduce la *Divina Commedia* (Le Livre de Poche, 1996). Dopo il ritrovamento di *Lettre à la prison*, il restauro e la presentazione nel 2008 al Festival International du Documentaire di Marsiglia, Scialom torna al lavoro cinematografico con *Nuit sur la mer* (2012).

Artdigiland ha pubblicato in francese:

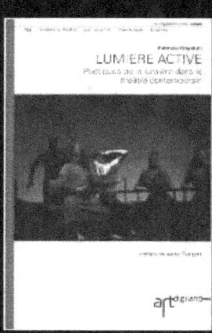

LUMIERE ACTIVE
Poétiques de la lumière dans le théâtre contemporain
de Fabrizio Crisafulli
préface de Anne Surgers, 2015

Cet ouvrage revisite, du point de vue des poétiques de la lumière, quelques épisodes importants de la mise en scène théâtrale au XXe siècle, depuis les grands réformateurs des premières décennies jusqu'à divers artistes contemporains tels que Josef Svoboda, Alwin Nikolais, Robert Wilson. Non pour proposer une histoire plus ou moins organique de la lumière au théâtre, mais pour tenter de préciser, relativement à son utilisation, certaines questions fondamentales. S'affranchissant des contextes étroits de la technique et de l'image dans lesquels on tend souvent à les enfermer, les problématiques de la lumière sont examinées ici sous d'autres angles, ceux de la structure spatio-temporelle du spectacle, de la construction dramatique, de la création poétique, de l'action, du rapport avec le performer. Une partie de l'ouvrage est consacrée au travail théâtral de l'auteur. Elle documente le point de vue particulier sur lequel sa réflexion se fonde, point de vue suscité et enrichi par son expérience personnelle de metteur en scène.

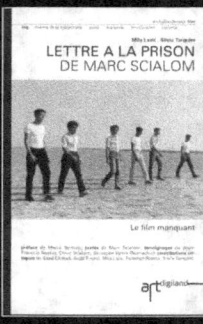

LETTRE A LA PRISON DE MARC SCIALOM
Le film manquant
sous la direction de Mila Lazić, Silvia Tarquini
préface de Marco Bertozzi, 2014

Le livre présente, en français seulement, la partie consacrée à *Lettre à la prison* dans l'ouvrage bilingue – italien et français – *Marc Scialom. Impasse du cinéma. Esilio, memoria, utopie/ Exil, mémoire, utopie*, sous la direction de Mila Lazić et Silvia Tarquini (2012). Le livre source est consacré à l'œuvre de Scialom – cinématographique et littéraire – dans son ensemble, et approfondit sa relation avec la *Divine Comédie* de Dante Alighieri. Ce volume restitue à l'histoire du cinéma la mémoire historique et cinématographique cristallisée dans l'aventure, au sens antonionien, de Marc Scialom. Avec *Lettre à la prison* (1969) nous sommes confrontés à un film Nouvelle Vagues "trouvé", tourné avec une camera prêtée par Chris Marker, puis englouti dans un abîme bien précis, personnel et historique. La préface de Marco Bertozzi cite Alberto Grifi, Chris Marker et Jean Rouch, filmmakers "dépaysés", constamment à la recherche, à travers le cinéma, d'un contact avec la réalité.

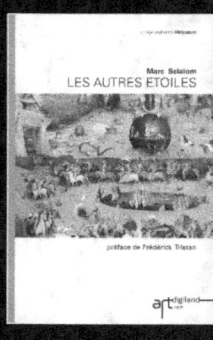

LES AUTRES ETOILES
de Marc Scialom
roman, préface de Frédérick Tristan, 2015

«Voici donc ce que je souhaitais réussir : le lecteur serait plus ou moins perdu tout au long de mon livre, perdu mais accroché, avec le sentiment croissant de frôler une chose intense, de l'entrevoir dans un brouillard, de supposer cette chose peut-être à tort, un peu comme un rêveur sur le point de s'éveiller voit parfois poindre à travers les volutes et sous les masques de son rêve une vérité douteuse, douteuse mais imminente, cela jusqu'aux dernières pages – puis tout à coup il comprendrait: rétrospectivement sa lecture indécise lui deviendrait claire parce qu'il découvrirait, lovée au coeur de la spirale et hors littérature, la scène première dont le livre est sorti».

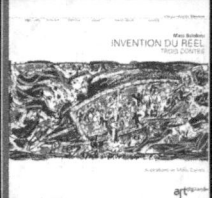

Marc Scialom
INVENTION DU REEL
Trois contes
illustrations de Mélik Ouzani, 2016

Le réel est-il vrai ? Le vrai est-il réel ? Humoristiques mais graves, noirs mais flamboyants et bariolés, burlesques mais parfois terrifiants, ces contes ne peignent pas seulement un univers distinct du nôtre mais qui lui ressemble. À l'aveuglette et à tâtons, ils en esquissent aussi quelques possibles prolongements futurs...

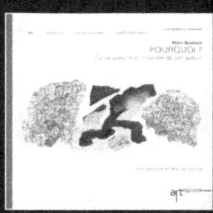

POURQUOI ?
Conte avec mort inopinée de son auteur
de Marc Scialom
libres dessins de Marcel Delmas, 2018

Vivien (mais s'appelle-t-il vraiment Vivien ?), un être mi-humain
imaginé par un conteur fou que torture un lointain remords,
s'interroge sur son identité profonde et, simultanément, soupçonne
que l'espèce humaine est encore loin d'avoir achevé son
hominisation. Plein d'une curiosité inquiète et sans cesse zigzagante,
il part à la découverte des autres, du monde, du sens des choses et
surtout de lui-même. Mais il découvre un monde second…

Artdigiland ha pubblicato in inglese/italiano:

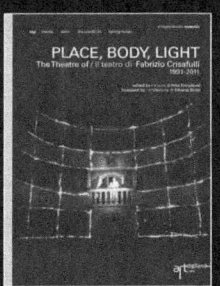

PLACE, BODY, LIGHT
The Theatre of / Il teatro di Fabrizio Crisafulli. Twenty
Years of Research / Venti anni di ricerca 1991-2011
edited by / a cura di Nika Tomašević, foreword by /
prefazione di Silvana Sinisi, 2013

Fabrizio Crisafulli's theatre research centres on Place, Body
and Light, and challenges performance practices at their
very foundations, in an attempt to reclaim the original
potency of theatre and its relevance and effectiveness
in contemporary times. This is where dance meets
architecture, drama meets territory, and the performance of
the body meets poetic light. Crisafulli's works – poetic and
visionary, hypnotic and deeply emotional, full of life and
irony – are revealed through interviews, personal accounts,
critiques, information and photos related to performances
and installations created between 1991 and 2011.

Artdigiland ha pubblicato in inglese:

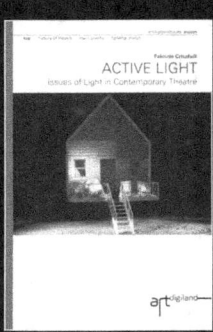

ACTIVE LIGHT
Issues of Light in Contemporary Theatre
by Fabrizio Crisafulli
foreword by Dorita Hannah, 2013

This book looks at various important events relating to
the poetics of light in theatre production in the West in the
twentieth century, from the great reformists at the begin-
ning of the century to contemporary artists such as Josef
Svoboda, Alwin Nikolais and Robert Wilson. The intention
isn't to outline a somewhat organised history of stage lighting, instead it is an attempt to identify some basic issues
concerning its use. Lighting issues are unshackled from the
limited contexts of technique and image, where they often
end up only to be relegated, and examined in the context of
the performance's space/time structure, poetic and drama-
tic construction, and the relationship with the performer. A
section dedicated to the theatrical work of the author outli-
nes the distinctive point of view behind the book.

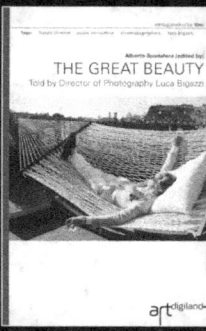

THE GREAT BEAUTY
Told by Director of Photography Luca Bigazzi
Alberto Spadafora (ed. by), 2014

Luca Bigazzi is one of Italy's most acclaimed award-winning directors of photography (DOP). His life has been dedicated entirely to the best of independent Italian cinema (not counting his work with Abbas Kiarostami). He has worked with directors such as Mario Martone, Gianni Amelio, Cipri e Maresco, Silvio Soldini, Carlo Mazzacurati, Antonio Capuano, Leonardo Di Costanzo and Andrea Segre, and has been working with Paolo Sorrentino since *The Consequences of Love* in 2004. In this interview, edited by the photographer and film critic Alberto Spadafora, the Italian cinematographer talks about *The Great Beauty*, prizewinner of the Academy Award for Best Foreign Language Film of 2014.

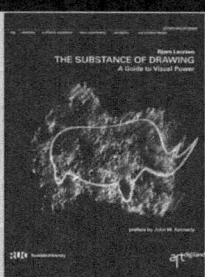

THE SUBSTANCE OF DRAWING
A Guide to Visual Power
by Bjorn Laursen
preface by John Kennedy, 2017

This book is not a manual as it is normally meant. It is not just a technical guide to learning how to draw. It lets you understand the motivations and impulses that are at the origin of drawing and the processes that are activated when you draw. And drawing is intended not so much as a simple tool, more or less effective, to imitate reality, but as a means of knowledge and memory with respect to reality. What Bjørn Laursen lets us understand is how listening and the availability to be captured by what we have around are essential qualities for an artist, and how the act of drawing is not a passive recording of objects, but a discovering and imagining, discovering the present and its history, and imaging the future of the environment we live in. (Fabrizio Crisafulli)

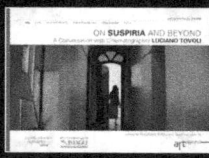

ON SUSPIRIA AND BEYOND
A Conversation with Cinematographer Luciano Tovoli
edited by Piercesare Stagni and Valentina Valente, 2017

On Suspiria and Beyond is a book-interview with cinematographer Luciano Tovoli AIC ASC, who has collaborated with directors such as Vittorio De Seta, Michelangelo Antonioni, Dario Argento, Maurice Pialat, Valerio Zurlini, Francis Veber, Andrej Tarkovskij, Ettore Scola, Julie Taymor, Barbet Schroeder and many others. Tovoli is also the creator of the European Federation of Cinematographers Imago. The volume retraces all the stages of making Suspiria, from test shots to printing. It describes in detail the making of various sequences, relations with the director, explores the cultural premises of this immortal work and the historical context of the struggle for innovation in the cinematography of the Seventies. Above all, it reveals Luciano Tovoli's passion and tireless search for an expressive use of color in films, providing us with a first-hand experience of an incredible adventure in aesthetics.

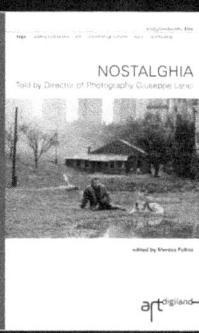

NOSTALGHIA
Told by Director of Photography Giuseppe Lanci
Monica Pollini (ed. by), 2018

«Of the things that have stimulated me most, I would mention "dynamic photography", something I'd never seen before then. It involves modifying the lighting within a sequence plan, not for naturalistic reasons – like switching on a light, which clearly changes the lighting – but to add emotion to the image, to suggest emotional changes. In the months before shooting, Tarkovskij told me, "I'd like to make changes in the lighting within the same sequence. Up to a point, I've already hinted at this kind of photography in Stalker, but not in any consistent way". It was one of Andrej's few specific requests, and we worked on it before shooting started. We discovered the technical answers that would make shooting easy, and procured all the necessary equipment. As a rule, we don't exploit the time factor in shooting, because we try to shoot sequences without any differences from a photographic point of view, to make it easier to edit photographically coherent frames. Tarkovskij, however, maintained that it was extremely interesting to exploit the time factor of the sequence plan». (Giuseppe Lanci)

Artdigiland ha pubblicato in portoghese:

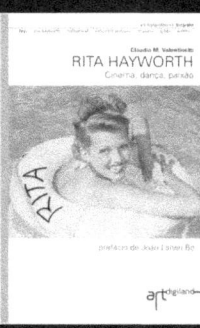

RITA HAYWORTH
Cinema, dança, paixão
de Claudio M. Valentinetti
prefácio de João Lanari Bo, 2018

A deusa do amor, a atòmica, Gilda. O sonho proibido de muitos, a resposta vital à segunda guerra mundial. Rita Hayworth, talvez a beleza do star system hollywoodiano que mais fez época e clamor. Uma filmografia quase sem limites, mais de sessenta títulos, mesmo sendo poucos os que sobressaem, *Sangue e areia*, *A Dama de Shanghai*, *Gilda*. Cinco maridos, entre os quais o gênio Orson Welles e o "imam" Ali Khan, e muitos grandes parceiros nos sets, de James Cagney a Fred Astaire e Gene Kelly, de Tyrone Power a Frank Sinatra, de Robert Mitchum ao companheiro de muitos filmes e amigo Glenn Ford. Um mito construído pela Meca do Cinema daqueles anos e alguns expertos produtores – como o amigo/inimigo Harry Cohn da Columbia Pictures – e habilidosos diretores: Charles Vidor, Rouben Mamoulian, Howard Hawks, William Dieterle, Henry Hathaway, Raul Walsh e, obviamente, Welles. Mas uma vida desgraçada, desesperada. Após um duro e demorado